Er hoffte, er lebte, er kämpfte für den Frieden

Carl von Ossietzky (1889-1938)

D1729995

Heidi Beutin / Uwe Polkaehn (Hrsg.)

Ossietzky

Reihe »Gewerkschaft, Gesellschaft und Kultur«
Band 1

Er hoffte, er lebte, er kämpfte für den Frieden

Carl von Ossietzky (1889-1938)

Gesammelte Beiträge einer Tagung
in Lübeck am 25. Oktober 2014

Heidi Beutin / Uwe Polkaehn (Hrsg.)

Ossietzky

Ossietzky Verlag GmbH
Siedendolsleben 3 | 29413 Dähre | www.ossietzky.net
1. Auflage 2015

Gesamtherstellung | berger + herrmann gmbh
Satz und Titelgestaltung | Katrin Herrmann
Druck | Matthias Berger
Buchbindearbeiten | Matthias Berger und Katrin Herrmann
Gesetzt aus der Futura Md BT und der Minion, 10 Pt
Gedruckt auf Munken Print 1,5, 90 g | Umschlag auf Summertime, naturweiß, 240 g

ISBN 978-3-944545-05-9 | Preis 9 Euro

Vorwort

Nur wer nicht vergisst, kann die Demokratie und den Frieden dauerhaft sichern. Am 3. Oktober 2014 jährte sich der Geburtstag von Carl von Ossietzky, geboren 1889, zum 125. Mal. Aus diesem Anlaß lud die Personengruppe der Freien und Selbständigen in ver.di Nord am 25. Oktober 2014 zu einer Tagung mit dem Titel:»Carl von Ossietzky (1889-1938) – Vorkämpfer der Demokratie« ins Gewerkschaftshaus Lübeck. Dieser Band dokumentiert die Veranstaltung.

Als Veranstalter zeichnete die Vereinte Dienstleistungsgewerkschaft Nord in Kooperation mit dem DGB Nord. Die Tagung wurde unterstützt von der Personengruppe der Migranten_innen in ver.di Nord, von Türgem e. V., Lübeck, und vom Deutschen Schriftstellerverband (VS) Schleswig-Holstein, Kiel. Den Unterstützern sagen wir an dieser Stelle unseren herzlichen Dank.

Nochmals unseren Dank sagen wir an dieser Stelle auch Hans-Ernst Böttcher in Lübeck, Landgerichtspräsidenten i. R., für sachkundige Leitung der Konferenz.

Im Untertitel von Werner Boldts Monographie (Hannover, 2013) heißt Carl von Ossietzky:»Vorkämpfer der Demokratie«. Dieser Ehrentitel kommt ihm zu wie wenigen Persönlichkeiten in Deutschland. Bei Würdigung der Lebensgeschichte und des Werks Ossietzkys trifft man auf zwei Hauptfragen der deutschen Geschichte und Politik: Demokratie und Frieden. Demokratie und Frieden sind zwei Grundfragen auch der Gewerkschaftsbewegung in Deutschland.

Wie andere Demokraten mit bedeutender Ausstrahlung, z. B. Robert Blum im 19. Jahrhundert (ermordet am 9. November 1848), wurde Ossietzky ein Opfer krimineller Machenschaften herrschender Autoritäten seiner Ära. Das NS-Regime ließ ihn im Februar 1933 in ›Schutzhaft‹ nehmen, um ihn ein Jahr später ins Konzentrationslager Esterwegen zu verbringen, aus dem er erst (nach insgesamt mehr als drei Jahren Haftzeit) 1936 entlassen wurde – ein infolge der Lebensbedingungen im KZ zu Tode Erkrankter. Carl von Ossietzky starb am 4. Mai 1938.

Während seiner Haftzeit versuchten fortschrittliche Kreise und Persönlichkeiten der Weltgesellschaft, dem Gequälten Hilfe zu bringen. War Ossietzky einer der vorzüglichsten Friedenskämpfer und der Frieden »der vornehmste Maßstab, an dem er Politik misst« (Boldt), so ehrte ihn 1936 das Nobelpreiskomitee durch Verleihung des Friedensnobelpreises für 1935. Hierdurch wurde er einer in der kurzen Reihe der deutschen Friedensnobelpreisträger – vor ihm finden wir nur: Gustav Stresemann, 1926, und Ludwig Quidde, 1927, nach ihm erst wieder Willy Brandt 1971.

Der Vorkämpfer der Demokratie und Friedenskämpfer war zugleich ein brillanter Publizist, ein Schriftsteller von hohem Rang.

Werner Boldt schrieb:»Ossietzky lässt nicht allein durch das, was er geschrieben hat, eine Zeit lebendig werden, sondern auch dadurch, wie er geschrieben hat.« Sein Schreiben war seine Waffe, seine bevorzugten Formen waren der Essai, der Kommentar, die Glosse. Als Autor wurde Ossietzky zudem ein energischer Streiter gegen den Faschismus, zugleich ein Produzent griffiger Formeln, z. B. mit seiner Äußerung:»Hitler ist und bleibt der Condottiere des Industriekapitals.«

Im vorliegenden Band veröffentlichen wir die wissenschaftlichen Beiträge der Tagung, davon einige in überarbeiteter Fassung, und zugleich die Texte des abendlichen Kulturprogramms, das von dem Lyriker Günter Ernst (Kiel) gestaltet wurde. Allen Verfassern sagen wir unseren herzlichen Dank.

Als Anhang fügen wir einen Aufsatz über den Pazifisten Kurt Hiller (1885-1972) bei, einen der bekanntesten Mitarbeiter der »Weltbühne«, der stark zur Entwicklung des Pazifismus während der Weimarer Republik beigetragen hat.

Heidi Beutin und Uwe Polkaehn, im Frühjahr 2015

Lübeck und Hamburg

Inhaltsverzeichnis

Einführung

Uwe Polkaehn, Vorsitzender des Deutschen Gewerkschaftsbundes Nord (DGB Nord)

Der Mann, den wir heute ehren, geboren 1889 in Hamburg und gestorben 1938 an den Folgen seiner KZ-Haft, hat uns ein großes Werk hinterlassen und Belege einer demokratischen und antifaschistischen Haltung, von der man bis heute viel lernen kann.

Die Entscheidung, in dem Land zu bleiben; in dem die Nazis immer mächtiger wurden, als Journalist und Schriftsteller Widerstand zu leisten auch unter Lebensgefahr, hat in allen nachfolgenden Generationen großen Respekt hervorgerufen. Vielleicht werden sein Scharfsinn und seine Haltung in jenem Satz besonders deutlich, den Carl von Ossietzky an dem Tag sprach, an dem sich 1932 die Tore einer Haftanstalt erstmals hinter ihm schlossen. Er sagte: »Ich gehe nicht aus Gründen der Loyalität ins Gefängnis, sondern weil ich als Eingesperrter am unbequemsten bin.«

Am unbequemsten sein für die Herrschenden, am unbequemsten sein für Unterdrücker und Kriegstreiber, das war es, was Carl von Ossietzky schon als jungen Journalisten antrieb. Mitte der zwanziger Jahre wurde er als Herausgeber der »Weltbühne« zu einem der profiliertesten Publizisten und Leitartikler der Republik. Er hätte 1933 fliehen können, aber er blieb und stellte sich den Nazis in den Weg.

Das Bild des geschorenen KZ-Häftlings mit der Nummer 562 an der Brust, der strammstehen musste vor einem Stiernacken in Uniform, ist uns allen vor Augen. Auch mit dem Rücken an der Wand strahlt er eine große Würde aus. Der ganze Mann verkörpert die Botschaft: *Ich lasse mich nicht brechen.* Carl von Ossietzky war keine 50 Jahre alt, als er 1938 im Krankenhaus an den Folgen von Zwangsarbeit und Misshandlungen starb. Auch der Friedensnobelpreis hatte ihn nicht retten können.

Hier in Lübeck, der Stadt auch des Friedensnobelpreisträgers Willy Brandt, soll heute mehr geschehen als eine Geschichtsstunde für gehobene Ansprüche. Wir wollen hier darüber reden, welche Lehren wir aus dem Leben Carl von Ossietzkys für die Gegenwart ziehen können. Wir wollen klären: Was heißt es heute, für Frieden und Gerechtigkeit einzustehen? Wie ist man heute am unbequemsten für die Mächtigen und diejenigen, die an Kriegen verdienen?

Wenn ich mir ansehe und anhöre, was Arbeitgeber, Banker, konservative Politiker und Publizisten so veranstaltet haben im vergangenen und ach so neoliberalen Jahrzehnt, dann kann ich nur sagen: Am unbequemsten ist man, wenn man aktiv und erfolgreich als Gewerkschafter ist.

Die Gewerkschaft, die Organisation der Arbeit ist es, die am ehesten in der Lage ist, Ungerechtigkeit und Unfrieden zu beseitigen. Ich sage dies, obwohl wir viele Rückschritte haben hinnehmen müssen. Aber nicht nur der Mindestlohn, der ab

Januar gelten wird, zeigt uns: Wir können auch wieder Fortschritte erkämpfen, wenn wir geschlossen und solidarisch sind – und einen langen Atem haben.

In der Weimarer Republik war der Arbeiterbewegung die Geschlossenheit abhanden gekommen. Der Stärke und Verführungskraft der Nazis inmitten der Krise hatte die Linke zu wenig entgegen gesetzt. Was folgte, war brutale Unterdrückung. Heute erinnern in den Gewerkschaftshäusern viele Gedenktafeln an die Opfer des 2. Mai 1933, dem Tag, an dem die Nazis die Gewerkschaften zerschlugen.

Wir wissen, wo sich Rechtsextremisten und Rechtspopulisten auch heute ihre Kundschaft suchen: Unter denen, die keine Perspektive haben und einfache Rezepte suchen, die arbeitslos und in wirtschaftlicher Not sind, denen es an Bildung mangelt, die voller Angst und Unsicherheit sind und sich gerne Sündenböcke vorführen lassen. Aber auch in den feineren Kreisen werden Ressentiments und eine ganz besondere Demokratieverdrossenheit gepflegt. In Hamburg zeigte sich das schon vor mehr als zehn Jahren – 2001 kam so einer wie Schill da auf fast 20 Prozent.

Und auch heute werden Sündenböcke gesucht für die Krise, die immer noch in Europa und der Welt zu erkennen ist. Gewerkschaften stellen sich dem entgegen. Wir organisieren den Protest dort, wo sich Nazis und Rechtspopulisten zeigen. Und wir stellen Forderungen gegen die Spaltung der Gesellschaft in Arm und Reich, denn das ist ja eine Wurzel des Übels:

Wir sagen: Eine neue Ordnung der Arbeit muss her, mit guter Arbeit und fairen Löhnen.

Wir brauchen solidarische Sozialsysteme und sichere Renten für alle.

Wir sagen Nein zu einem entfesselten Finanzmarkt – wir wollen ein Europa, das nicht kaputtgespart wird und solidarisch handelt.

Wir sind Teil der Friedensbewegung, wir setzen auf diplomatische Lösungen und Deeskalation.

Wir sagen Ja zu einer gerechten Verteilung des Reichtums – wir wollen einen aktiven Staat, der handlungsfähig ist.

Das sind die Ideen der Solidarität für heute. Vor mehr als achtzig Jahren gab es auch Ideen der Solidarität gegen die Weltwirtschaftskrise und den aufkommenden Nationalsozialismus. Aber es gab keine Einheit der Demokraten und keine Einheit der Antifaschisten. Und es gab Parteien, Publizisten und Wirtschaftsgrößen, die Hitler den Steigbügel hielten. Auch heute müssen wir wachsam bleiben, wenn etwa eine rechtspopulistische Partei mit erheblichem Finanzaufwand in Wahlkämpfen erfolgreich ist.

Die AfD ist keine Partei wie jede andere, sie spaltet Europa, sie schürt Hass und dumpfe Deutschtümelei. Und wir müssen ja nur hier in die Nachbarschaft gucken, um zu sehen, wessen Geistes Kind die sind. Wenn der Stormaner AfD-Sprecher öffentlich erklärt, die Gaskammern des KZ Dachau seien erst von den Alliierten im Nachhinein gebaut worden, der Zweite Weltkrieg sei doch gar nicht von Hitler angezettelt worden und die heute stattfindende »Einnistung anderer Kulturen« sei bedrohlich, dann zeigt das nur, was sich da zusammenbraut in dieser neuen Partei. Auch in diesem Fall gilt die Parole: Wehret den Anfängen!

Ohne Demokratie und Freiheit können die Gewerkschaften nicht kämpfen, damals nicht und auch heute nicht. Streikrecht, Tarifautonomie und Mitbestimmung – nur mit diesen Rechten können Gewerkschafter dem Kapital auf Augenhöhe gegenüber treten. Demokratie darf deshalb nie vor den Werkstoren oder Bürotürmen enden.

Und unsere Geschichte verpflichtet uns zum Handeln gegen Rassismus, Antisemitismus und Intoleranz. Wir sind erschüttert über die Mordserie der NSU, die klar gemacht hat, wohin die Naziideologie immer wieder führt. Und wir unterstützen die norddeutschen Bundesländer, die gemeinsam für das Verbot der NPD eintreten.

Denn Faschismus ist keine Meinung, sondern ein Verbrechen.

Diese Gesellschaft ist ja nicht immun gegen das braune Gift. Und mancher, der in das Lager der alten und neuen Nazis abdriftet, er hätte wohl davor bewahrt werden können, wenn es vor Ort und in seiner Nähe starke Strukturen und aktive Demokratiebewahrer gegeben hätte.

Gewerkschafter sind Demokratiebewahrer, das zeigt sich auch heute hier. Wir sind vor Ort, wir überlassen den Nazis nicht die Straße und nicht die Köpfe. Wir wirken mit im landesweiten Netzwerk gegen den Rechtsextremismus, um gerade unter jungen Menschen die nötige Aufklärung zu leisten. Es ist gut, dass die Landesregierung in Schleswig-Holstein dieser Arbeit mit regionalen Anlaufstellen einen höheren Stellenwert gegeben hat.

Und das Erinnern bleibt wichtig. Denn nur so kann man aus der Geschichte lernen. Nur so wird man davor bewahrt, Fehler zu wiederholen.

Deshalb danke ich allen, die heute gekommen sind, und allen, diese Veranstaltung vorbereitet haben.

Das Vermächtnis Carl von Ossietzkys bleibt aktuell. Es lautet:

Schützt die Demokratie!

Nie wieder Krieg, nie wieder Faschismus, nie wieder Zerstörung der Arbeiterbewegung!

Schaut nicht weg, gebt nicht auf, setzt Euch ein!

Unsere Kraft heißt Solidarität.

Carl von Ossietzky. Vorkämpfer der Demokratie

Werner Boldt

Von Historikern wird Ossietzky vorgeworfen, zum Untergang der Weimarer Republik beigetragen zu haben. Die vorgetragenen Gründe sind zu dürftig, als dass es sich lohnen würde, sich mit dieser Ansicht eingehender auseinanderzusetzen. Wenn ich ihn hier als einen Vorkämpfer der Demokratie vorstelle, dann nicht, um ihn zu rechtfertigen, sondern weil seine Kritik an der Weimarer Republik, überhaupt sein politisches Denken unsere eigene Gegenwart uns besser erkennen lässt. Zuvor einige Worte über das Milieu, in dem Ossietzky aufwuchs, soweit sie zum Verständnis seiner politischen Einstellung beitragen. Ossietzky wurde 1889, also mitten im Kaiserreich, in Hamburg geboren. Die Familien seiner Eltern waren aus Oberschlesien zugewandert. Wir könnten in ihm einen Hamburger mit Migrationshintergrund sehen, doch er selber verstand sich weder als Oberschlesier noch als Hamburger. Seine Eltern gehörten unterschiedlichen Konfessionen an. Der Vater war katholisch, die Mutter lutherisch. Ossietzky wurde katholisch getauft und nach dem frühen Tod seines Vaters von einer katholischen Tante erzogen. Als seine Mutter ihn wieder zu sich nahm, nachdem sie erneut geheiratet hatte, wurde Ossietzky lutherisch konfirmiert. Er löste sich später von beiden Konfessionen und trat als Freigeist einer Freimaurerloge bei, die ihn als Pazifisten ansprach.
Am Nachhaltigsten dürfte Ossietzky die Herkunft aus dem kleinbürgerlichen Milieu geprägt haben. Sein Vater war Stenograph bei einem angesehenen Rechtsanwalt. Als Beruf gab er außerdem an, einen Milchhandel und eine Speisewirtschaft zu betreiben. Dieses Geschäft dürfte nur unter seinem Namen gelaufen und tatsächlich von seiner Frau betrieben worden sein, die es nach dem Tode ihres Mannes weiterführte. Zum kleinbürgerlichen Milieu passte die Wohngegend. Ossietzky wurde in der Großen Michaelisstraße geboren, die zum Michel, der Hauptkirche Hamburgs führte, wobei sie das Gängeviertel, die Hamburger Slums, durchschnitt. Der heranwachsende Ossietzky lebte an der Schnittstelle zwischen Oberschicht und Armut. Der Erwachsene musste sich entscheiden. Er entschied sich als politischer Publizist für das Volk, gegen die besitzenden Klassen.
Kommen wir nun zum politischen Wirken Ossietzkys. »Ich war Pazifist und werde Pazifist bleiben!« Mit dieser Aussage Ossietzkys begründete ein Referent der Gestapo gegenüber Hermann Göring seine Empfehlung, Ossietzky nicht zur Entgegennahme des Friedensnobelpreises ausreisen zu lassen. Er fuhr in seiner Stellungnahme fort: »Dieser Ausspruch besagt, dass er auch in dem nationalsozialistischen Deutschland seine bisherige politische Stellung nicht aufgeben werde und könne, d.h., dass er in bewusstem Gegensatz zum nationalsozialistischen Gedankengut der Wiederertüchtigung und Wehrhaftmachung des deutschen Volkes steht.«[1]
Pazifismus bildete tatsächlich eine Konstante in Ossietzkys politischem Denken. Dabei ging es ihm nicht nur um ein friedliches Zusammenleben der Völker, um ihre friedliche Koexistenz, sondern auch und noch mehr um das politische Bin-

---

1   Carl von Ossietzky: Sämtliche Schriften, Reinbek 1994, Dokument D 661, Bd. VIII, S.817 f.

nenleben der Völker. Ossietzky bekämpfte den Militarismus, den der Gestapo-Referent blumig als »Wiederertüchtigung und Wehrhaftmachung« beschrieb. Diese Auffassung von Pazifismus erklärt ein durchgängiges Merkmal seines Verständnisses von Demokratie: die Unverträglichkeit von Demokratie und Militarismus. Gelegentlich zitierte Ossietzky das geflügelte Wort aus der Revolution von 1848: »Gegen Demokraten helfen nur Soldaten«, was anzeigt, dass er in einer alten demokratischen Tradition stand, die auch noch in der Republik ihre Aktualität nicht eingebüßt hatte.

Als sich Ossietzky im Mai 1932 von seinen Lesern verabschiedete, bevor er als »Landesverräter« ins Gefängnis ging, schrieb er: »Unsre Sünde ist, dass wir einen deutschen Lieblingsgedanken nicht teilen: wir glauben nicht an den Primat des Militärischen in der Politik. Das warf den breiten Graben auf zwischen uns und den Richtern.«[2] Das Reichsgericht hatte in der Tat in seinem Urteil die Interessen der Reichswehr höher bewertet als die Kompetenzen des Reichstags. Für Ossietzky fuhr der Prozess somit auf einem »besondern deutschen Nebengleis«. Das Hauptgleis beschrieb er so: »Keine der großen bewegenden Fragen der Zeit stand in unserm Prozess zur Debatte, nichts von den ungeheuren Gegensätzen zwischen kapitalistischem und sozialistischem Denken, die heute die ganze Welt in zwei Lager teilen.«

Die »ungeheuren Gegensätze« zwischen Kapitalismus und Sozialismus bestimmten für Ossietzky auch den demokratischen Verfassungsstaat, der in Deutschland mit dem Militarismus zusätzlich belastet war. Bei »Sozialismus« dachte er nicht an die Sowjetunion, wie das nach dem Zweiten Weltkrieg üblich wurde, sondern an die Arbeiterbewegung, auch und insbesondere an die sozialdemokratische. Die SPD ging zu Ossietzkys Zeiten in ihren Programmen noch von dem Klassengegensatz zwischen Kapital und Arbeit aus, den sie überwinden wollte. Nicht anders dachte Ossietzky. Aber im Unterschied zur marxistisch geprägten Arbeiterbewegung dachte er nicht an einen Klassen*kampf*, sondern gemäß seiner ireneschen Denkart daran, dass die beiden antagonistischen Klassen als Demokraten gemeinsam den sie trennenden Klassengegensatz aufheben müssten. Auch sprachlich tritt dieser Unterschied in Erscheinung: statt Bourgeois und Proletarier schrieb Ossietzky Bürger und Arbeiter. Das ist keine Deutschtümelei, sondern signalisiert eine andere Sicht der Austragung des Klassengegensatzes. So stand ihm die SPD, sofern sie auf Reformen setzte, näher als die kämpferisch auftretende KPD. Ossietzky war kein Theoretiker. Er hatte feste Grundanschauungen, aber er presste sie nicht in ein System. Das ermöglichte ihm, seine Grundsätze auf neu entstehende politische Situationen einzustellen, statt doktrinär auf ihnen zu beharren oder sie preiszugeben. Im Groben lassen sich vier Stadien der Entwicklung seines politischen Denkens und Wirkens benennen, die der üblichen Periodisierung folgen: Das Kaiserreich, die Gründung der Republik in der Novemberrevolution, die scheinbare Phase relativer Stabilisierung der Republik 1924 bis 1930 und schließlich ab 1930 das Abgleiten der Republik in die Diktatur.

---

2   Art. 1058, Bd. VI, S.382.

Das Kaiserreich

Ossietzky wurde zuerst in der Demokratischen Vereinigung politisch tätig. Diese Partei hatte sich 1908 aus Protest gegen eine Blockbildung der konservativen und liberalen Parteien gegründet. Der nach dem Reichskanzler von Bülow benannte Block richtete sich gegen die SPD. Dagegen wollte die Demokratische Vereinigung als eine Organisation bürgerlicher Demokraten gemeinsam mit den verfemten »vaterlandslosen« Sozialdemokraten den monarchischen Staat demokratisieren, insbesondere das parlamentarische Regierungssystem durchsetzen und das für Preußen geltende Dreiklassen-Wahlrecht durch ein demokratisches ersetzen. In einer programmatischen Rede führte der Vorsitzende Rudolf Breitscheid, der später ein führender SPD-Politiker wurde, mit Stoßrichtung gegen die Liberalen aus:

> Wer das parlamentarische System anzustreben behauptet und dabei von einem Einvernehmen mit der Arbeiterschaft, die nun einmal zum größ- ten Teil in der Sozialdemokratie organisiert ist, nichts wissen will, verdient ebenso wenig Glauben wie der, der sich als Anhänger des allgemeinen und gleichen Wahlrechts ausgibt und gleichzeitig die Regierung und die Rechte seiner Unterstützung im Kampfe gegen die äußerste Linke versichert.[3]

Der Gedanke, dass Bürger gemeinsam mit der Arbeiterschaft den Prozess der Demokratisierung voranzutreiben haben und sich dabei nicht scheuen dürfen, mit der »äußersten Linken« zusammenzugehen, fiel bei Ossietzky auf fruchtbaren Boden. Zunächst trat der Gedanke zwar zurück, als sich die SPD im Weltkrieg gespalten hatte, und seit der Novemberrevolution die Kommunisten die äußerste Linke bildeten, doch er lebte unter veränderten Umständen wieder auf, als es nämlich darum ging, die Republik vor dem Faschismus zu verteidigen. Allerdings konnte in einer Zeit, in der das Bürgertum in hellen Scharen der Nazipartei zulief, von einer politischen Gemeinsamkeit von Bürgertum und Arbeiterschaft nicht mehr die Rede sein.

Die Mitgliedschaft in der Demokratischen Vereinigung hat Ossietzkys Denken dauerhaft geprägt. In seinem Verständnis von Demokratie mischten sich traditionell bürgerliche und modern sozialistische Elemente, wie an einer Urteilsschelte deutlich wird, mit der er ein Kriegsgericht bedachte. Das Gericht hatte Zuchthausstrafen über Reservisten verhängt, die auf der Heimreise von einem Manöver randaliert hatten. Die Härte des Urteils und allein schon die Zuständigkeit eines Kriegsgerichts statt eines zivilen hatten helle Empörung ausgelöst. Ossietzky gab im *Freien Volk*, dem Organ der Demokratischen Vereinigung, eine allgemeine Einschätzung der Kriegsgerichtsbarkeit:

> Diese Justiz will nicht prüfen und wägen wie die bürgerliche – es soll. Sie will auch nicht vergelten. Sie *über*zahlt. Sie hat die Aufgabe, den ›Untertanen‹ an das Prinzip der Autorität, der unbedingten Disziplin zu erinnern. Sie hat ihm die Grenzen seiner Freiheit zu zeigen. Das bürgerliche Leben

---

3   Zit. n. Lexikon zur Parteiengeschichte, hgg. v. Dieter Fricke u.a., Köln 1983, Bd. I, S.499.

bringt eine höchst gefährliche Gleichmacherei mit sich. Also muss daran erinnert werden, dass es noch Klassen gibt. Das ist die Aufgabe der Kriegsgerichte.[4]

Wie wir sehen verschmolz für Ossietzky in der Tätigkeit der Kriegsgerichte zweierlei: Die Aufrechterhaltung von Autorität und Untertänigkeit und die Aufrechterhaltung der Spaltung der Gesellschaft in Klassen. Von der aus der Revolution hervorgegangenen Republik erwartete er, dass sie beides überwindet.

Die Gründung der Republik

Den Ausbruch der Novemberrevolution erlebte Ossietzky an der Westfront in Belgien, zu der er, der nicht gedient hatte, als »Schipper« eingezogen worden war. Nach seiner Heimkehr wurde er in einem kleinen pazifistischen Verlag tätig. Er schrieb über den »autonomen Menschen«, über den »neuen Geist«, den es nach dem Zusammenbruch des »bürgerlich-kapitalistischen« nunmehr zu schaffen gelte.[5] Die beiden heiß umkämpften Ziele, um die es in der Revolution ging, beschäftigten ihn nicht. Der Rätebewegung konnte er nichts abgewinnen, denn im Unterschied zum Parlament boten Arbeiterräte gerade kein gemeinsames Forum für Bürger und Arbeiter. Und wenn sie gar unter der »Diktatur des Proletariats« firmierten, schreckte ihn allein schon das Wort ab. Für eine Diktatur, gleich welcher Art, brachte er keinerlei Verständnis auf. Das zweite Ziel, die Vergesellschaftung der Produktionsmittel, bejahte er, aber sie war für ihn nur durch einen evolutionären Prozess und nicht durch einen revolutionären Akt zu erreichen.

Als Ossietzky im August 1919 Sekretär der Deutschen Friedensgesellschaft wurde, siedelte er von Hamburg nach Berlin über. In dieser Zeit wurde er Mitglied im Bund Neues Vaterland, einer pazifistischen Organisation mit starkem kapitalismuskritischem Einschlag. Mit dem Bund blieb er eng verbunden. Hier traf er sich mit Kurt Tucholsky, seinem Mitstreiter an der *Weltbühne*, mit Robert Kempner, der nach Krieg Hauptankläger bei den Nürnberger Kriegsverbrecherprozessen wurde, mit Albert Einstein und mit vielen anderen, die die Sorge um den Bestand der demokratischen Republik miteinander verband.

Der Bund verstand sich nicht wie etwa die im Krieg aufgelöste Demokratische Vereinigung als eine politische Partei, er wollte auf Parteien und Regierungen einwirken und in vielfältiger Weise in der Öffentlichkeit für die »Verwirklichung des Sozialismus«, für die »Abschaffung jeder Gewalt- und Klassenherrschaft« tätig werden. Sein Eintreten für die »Völkerversöhnung« führte ihn zu einer engen Zusammenarbeit mit der französischen Liga für Menschenrechte, nach deren Vorbild er sich 1922 in Deutsche Liga für Menschenrechte umbenannte, wobei die Zielsetzung nun prägnanter gefasst wurde. Die Liga bekundete ihren Willen, »an dem Aufbau der deutschen sozialistischen Republik auf demokratischer Grundlage und darüber hinaus an dem großen Werke der Völkerversöhnung« mitzuarbeiten.[6]

---

4 Art. 10, Bd. I, S.38.
5 Art. 30, Bd. I, passim.
6 Zit. n. Lexikon zur Parteiengeschichte Bd. I, S.357 u. 750.

Mit dem herausragenden Ergebnis der Revolution, dem demokratischen Verfassungsstaat, zeigte sich Ossietzky zufrieden, aber ganz im Sinne der Liga verstand er ihn nicht als Abschluss, sondern als einen Anfang weitergehender Demokratisierungsprozesse der Gesellschaft. Eine unerlässliche Voraussetzung dafür war für ihn, dass sich die Menschen in der Demokratie selber zu Demokraten erziehen. So verstand er die in der Verfassung niedergelegten Grundrechte und Grundpflichten der Deutschen als »ein Programm politischer Pädagogik für Jahrzehnte«, das »die besten sozialsittlichen Tendenzen der modernen Gesellschaft in kurze prägnante Sätze« bringe. Die Verfassung verhindere damit die »Überspannung« der Partei- und Klassenkämpfe und mahne jene, »die heute mit dem gefährlichen Gedanken eines ›Bürgerblocks‹ spielen und damit Deutschland in zwei Teile zu zerreißen drohen.« Als »Bürgerblock« bezeichnete man eine Koalition ausschließlich bürgerlicher Parteien. Sie weckte nicht nur bei Ossietzky beklemmende Erinnerungen an den Bülow-Block, der sich gegen die Sozialdemokratie gerichtet hatte. Nun drohte sie wieder ausgeschlossen zu werden. Für Ossietzky war eine Koalition bürgerlicher Parteien, die sogar für Gegner der Demokratie offen war, ein untaugliches Gebilde, um den zwischen Bürgern und Arbeitern bestehenden Klassengegensatz zu überwinden. Um seinen Mahnungen Nachdruck zu verleihen, berief er sich auf die Geschichte und stellte apodiktisch fest: »Die Überwindung der Klasse war die beste Tradition der bürgerlichen Demokratie.«[7]

Um dieses Wort Ossietzkys besser verstehen zu können, sei ein kleiner Exkurs gestattet. Die heute noch oder wieder gern zitierte Devise der französischen Revolution: Freiheit, Gleichheit, Brüderlichkeit enthält mit der »Brüderlichkeit« ein Element, das über die bürgerliche Gesellschaft hinausweist. Freiheit und Gleichheit lassen sich im Rahmen dieser Gesellschaft definieren und in verbindliche Gesetze fassen. Brüderlichkeit sperrt sich gegen ihre gesetzliche Fixierung, sie wird gelebt, und dem sind in der kapitalistischen Wirtschaft mit Konkurrenz und Ausbeutung Grenzen gesetzt. Wenn also bürgerliche Demokraten wie Ossietzky den »Sozialismus« auf ihre Fahnen schrieben, dann dachten sie auch an die Besitzverhältnisse, darüber hinaus und vor allem aber an ein Verhalten der Menschen, das mit dem Wort »Brüderlichkeit« umrissen ist, an die »Denkart«, wie Ossietzky gern formulierte.

In der Anfangszeit der Republik schien der Gedanke, dass Bürger als Demokraten gemeinsam mit Arbeitern brüderlich den zwischen ihnen bestehenden Klassengegensatz überwinden, nicht abwegig zu sein. In einer Zentralarbeitsgemeinschaft saßen Unternehmer und Gewerkschafter an einem Tisch; sie berieten über Tariffragen und beschlossen den Achtstundentag. Es wurden Betriebsräte gebildet und in der Verfassung verankert wie auch ihre Dachorganisation, ein Reichsarbeiterrat, der mit Vertretern der Unternehmer einen Reichswirtschaftsrat bilden sollte. Dieses Verfassungsgebot wurde freilich nicht realisiert, wie auch die Befugnisse der Betriebsräte in einem eigenen Gesetz zurückgefahren wurden. Die Zentralarbeitsgemeinschaft schließlich löste sich 1924 auf.

Auch die Parteienlandschaft entwickelte sich entgegen den Erwartungen Ossietzkys. Zunächst dominierte die Weimarer Koalition, die von der bürgerlichen Deut-

---

7   Art. 238, Bd. I, S.515 ff.

schen Demokratischen Partei (DDP), dem sozial übergreifenden katholischen Zentrum und der Sozialdemokratischen Partei gebildet wurde, genauer von der MSPD (Mehrheitssozialdemokratie), wie sie im Unterschied zur USPD, den Unabhängigen, hieß. In der verfassungsgebenden Nationalversammlung, die im Januar 1919 gewählt wurde, stellten die drei Parteien über drei Viertel der Abgeordneten. Ein Jahr später, bei den Wahlen zum ersten Reichstag, erreichten sie nicht einmal mehr die Hälfte der Mandate. Ende 1922 kam das endgültige Aus der Weimarer Koalition. Abgesehen von ein paar Wochen Großer Koalition im Inflationsjahr 1923 blieb die SPD fortan in der Opposition. Nach einem Wahlsieg 1928 gelangte sie zwar im Rahmen einer Großen Koalition noch einmal an die Regierung, aber als die Koalition im März 1930 zu Bruch ging, wurde sie mit der Beseitigung des parlamentarischen Regierungssystems endgültig in die Opposition verbannt. Die demokratische Republik als Ort gemeinsamer Anstrengung bürgerlicher und proletarischer Demokraten zur Überwindung der Klassengesellschaft war gescheitert. Aber noch befinden wir uns in der Übergangsphase.

Scheinbare Stabilisierung der Republik

Die Jahre von 1924 bis 1930 werden gelegentlich als die goldenen bezeichnet. Zurückhaltender wird von einer Phase der Stabilisierung gesprochen, noch zurückhaltender von einer Phase relativer Stabilisierung. Für Ossietzky hatte sich nichts stabilisiert als der Kapitalismus. Das parlamentarische System funktionierte jetzt zwar, aber das bedeutete nicht, dass die *Demokratie* stabilisiert war. Die Republik war in zwei Lager zerfallen, in ein rechtes und in ein linkes. Dazwischen existierte eine diffuse Mitte, die sich nicht festlegte, aber mit der Rechten ging, wenn sie sich entscheiden musste. Dominiert wurde sie von Stresemanns Deutscher Volkspartei, der Partei der »Vernunftrepublikaner«, aber »Herzensmonarchisten«. Im Bürgerblock verbündete sie sich mit der konservativen, antidemokratischen Deutschnationalen Volkspartei, die später unter Hugenberg im Verein mit den Nazis auf den Trümmern der Republik die Diktatur errichtete.

Zur politischen Rechten sah Ossietzky keine Entsprechung auf der Linken. Nach den Reichstagswahlen im Mai 1924, die eine Verschiebung nach rechts brachten und die Bildung der klassenübergreifenden Weimarer Koalition schon rechnerisch unmöglich machten, klagte er: Es gibt »Parteien, die im Parlament links sitzen, aber es gibt keine Linke«; es gibt keine »republikanische Sammlung«, die der »Rechten und ihren Hilfsvölkern in den angrenzenden Flügeln der ›Mitte‹« entgegentritt. »Es ist keine billige pessimistische Attitüde, sondern eine recht zwangsläufige Erkenntnis, wenn man es einmal offen sagt: es gibt keine Republik in Deutschland! Man spricht häufig von der Republik ohne Republikaner. Es liegt leider umgekehrt: die Republikaner sind ohne Republik. Und es gibt keine Republik, weil es keine Linke gibt. Weil das große Moorgelände der ›Mitte‹ alles aufsaugt. Weil man lieber ›ausbalanciert‹ als kämpft.«[8]

Diese Zeilen sind aus Ärger und Enttäuschung geschrieben, die umso größer waren, als die westlichen Demokratien im selben Jahr die entgegengesetzte Richtung

---

8 Art. 472, Bd. II, S.368.

einschlugen. In Frankreich hatte unter Herriot der Linksblock, der cartel des gauches, die Wahlen gewonnen und im Zwei-Parteien-England die Labourparty. In Deutschland dagegen drang eine antidemokratische Partei in die Institutionen der parlamentarischen Demokratie ein und etablierte sich sogar in der Regierung. Man kann sagen, und man hat es gesagt: Es ist doch zu begrüßen, wenn sich die konservativen Verfassungsgegner auf den Boden der Verfassung begeben. Herzlich willkommen. Man kann sich aber auch fragen, und Ossietzky hat es sich gefragt: Was ist aus der Verfassung geworden, wenn ihre Gegner sie für ihre Politik benutzen können? In einem Artikel, mit dem er das Jahr 1927 begrüßte, als sich die Republik in ihren besten Jahren befand, gab er eine Antwort:

> Der liberale Demokratismus, in dessen Zeichen sich die sogenannte Stabilisierung vollzieht, erschöpft sich in der breiten Lobpreisung des Parlamentsstaates. Er sieht nichts Werdendes, verbeugt sich pietätvoll vor Vergangnem, ahnt nichts von einem Problem der Köpfe, geschweige denn von denen des Magens. Der böse Satz von Anatole France: ›Das Gesetz verbietet in seiner majestätischen Gleichheit den Reichen wie den Armen, unter den Brücken zu schlafen, auf den Straßen zu betteln und Brot zu stehlen‹, kennzeichnet für immer die hohle sittliche Attitüde einer Demokratie, die nur in ihren Institutionen und für ihre Institutionen lebt. Hier aber ist die Grundlage der fortschreitenden Einigung zwischen Reaktion und mittelparteilichem Bürgertum. Sie finden sich auf dem Verfassungspapier der Republik.[9]

Ich denke, dass diese Sätze aktuell sind. Das herrschende Verständnis von Demokratie ist auch heute auf die Institutionen ausgerichtet. Wer auf dem von der Verfassung vorgeschriebenen Weg, also durch demokratische Wahlen legitimiert an die Regierung gekommen ist, dessen Politik gilt per se als demokratisch, auch wenn sie die Kluft zwischen Arm und Reich verfestigt und vertieft, wenn sie ganze Völker unter ein Spardiktat zwingt, um eine in der Krise steckende Wirtschaft wieder konjunkturell zu beleben. Zwar finden sich Warner, die darauf hinweisen, dass eine solche Politik die Demokratie gefährde, aber sie sagen nicht, dass sie undemokratisch ist. Und international erleben wir es, dass nach militärischer Zerschlagung von Diktaturen das institutionelle Gebäude einer Demokratie errichtet wird, ohne zu bedenken, ob die gesellschaftlichen Fundamente dafür vorhanden sind. Ohne dass Ossietzky den Untergang der Republik schon hatte voraussehen können, hat er die Ursache dafür in den nicht überwundenen sozialen Gegensätzen, im prekären Verhältnis einer demokratischen Verfassung zur kapitalistischen Wirtschaft erkannt.

Die Reichstagswahlen von 1928 führten zur Bildung der schon erwähnten Großen Koalition. Statt der Deutschnationalen Volkspartei traten SPD und DDP in die Regierung ein. Der Parlamentsstaat schien wieder in demokratische Bahnen eingeschwenkt zu sein. Tatsächlich aber musste die Deutsche Volkspartei durch ein

---

9   Art. 680, Bd. IV, S.7.

Machtwort ihres Vorsitzenden Stresemann, der die SPD zur Unterstützung seiner Außenpolitik brauchte, zur Koalition gezwungen werden. Statt einer parlamentarischen Regierung wurde nur ein »Kabinett der Persönlichkeiten« gebildet, die in ihren Entscheidungen nicht an ihre Fraktionen gebunden waren. Ossietzky hatte für diese Konstruktion nur Ironie übrig. Doch als sie bald durch eine wirkliche parlamentarische Regierung ersetzt wurde, konnte ihn das nicht mehr zufrieden stellen. Was war vorgefallen?

Obwohl Ossietzky grundsätzlich dafür war, dass die SPD lieber in der Opposition sozialdemokratische Politik einforderte, statt in einer Regierung mit bürgerlichen Parteien ihre Überzeugungen auf dem Altar der Koalition zu opfern, ließ ihn nun der hohe Wahlsieg der Partei hoffen, dass sie diesmal standhaft bleiben würde. Doch gleich die erste Aktion der neuen Regierung enttäuschte ihn maßlos. Die abgewählte Bürgerblock-Regierung hatte den Bau eines Panzerschiffs beschlossen, gegen den die Berliner SPD ihren Wahlkampf ausgerichtet hatte. Die neue sozialdemokratisch geführte Regierung übernahm den Beschluss ihrer Vorgängerin. Dabei stimmten im Kabinett die sozialdemokratischen Minister einschließlich ihres Reichskanzlers, der die Richtlinien der Politik bestimmte, für den Bau des Kriegsschiffs, während sie als Abgeordnete im Parlament dagegen stimmten. Man konnte das parlamentarische System kaum schlimmer der Lächerlichkeit preisgeben. Ossietzky, der davon ausging, das die SPD vom Reichswehrminister, dem ehemaligen General Groener, überfahren worden war – sah er doch stets im Militär den eingeschworenen Feind der Demokraten –, zog ein deftiges Resümee: »Die Sozialdemokratie ist kreuzbrav geblieben, und nachdem sie diese Pferdekur lebendig überstanden hat, rücken endlich die Paradieseswonnen der Großen Koalition in greifbare Nähe. Die Verschnittenen lässt man ruhig im Serail, Tag und Nacht. Gegen ein geselliges Zusammensein liegen keine Bedenken mehr vor.«[10]

Das Abgleiten der Republik in die Diktatur

Der Bruch der Großen Koalition im März 1930 gilt gemeinhin als der entscheidende Wendepunkt in der Entwicklung der Republik. Doch er setzte kein abruptes Ende, er leitete einen schrittweisen Übergang vom labilen parlamentarischen Regierungssystem zur Notverordnungsdiktatur des Reichspräsidenten ein. Mit »Diktatur« meine ich hier einen Ausnahmezustand, noch kein auf Dauer angelegtes Regierungssystem. Der Ausnahmezustand stützte sich auf den Artikel 48, »das Giftfläschchen in der innern Rocktasche der Verfassung«,[11] wie Ossietzky ihn bildhaft und zutreffend bezeichnete. Der Artikel erlaubte dem Reichspräsidenten, Maßnahmen zur Herstellung der öffentlichen Sicherheit und Ordnung zu ergreifen, wenn diese erheblich gestört oder gefährdet war. Zu den Maßnahmen gehörte auch die Außerkraftsetzung von Grundrechten.

Das parlamentarische System zerbrach an einem Konflikt, in dem sich die gegensätzlichen Klasseninteressen unverhüllt gegenüber traten: an der Sanierung der Arbeitslosenversicherung. Die unternehmerorientierte Deutsche Volkspartei wollte die Leistungen abbauen, die gewerkschaftsorientierte SPD die Beiträge er-

---

10 Art. 820, Bd. IV, S.534.
11 Art. 680, Bd. IV, S.7.

höhen. Die Gewerkschaften verfolgten eine Wirtschaftspolitik, die wir heute mit dem Namen Keynes verbinden, während von Seiten der Unternehmer eine Position bezogen wurde, die wir heute mit der neoliberalen Schule der Chicago-Boys um Milton Friedman verbinden. Obwohl es nur um eine Richtungsentscheidung innerhalb des kapitalistischen Wirtschaftssystems ging, war es offenbar schwierig, wenn nicht gar unmöglich, einen tragfähigen Ausgleich zu finden. Der Reichspräsident wollte ihn auch gar nicht; er wollte eine bürgerliche Rechtsregierung. Für ihn bot der sozialökonomische Konflikt einen willkommenen Anlass, den Verfassungsstaat zu demontieren. Hindenburg traf seine Entscheidungen natürlich nicht allein im stillen Kämmerlein. Er war von Beratern umgeben, die alle in der Verfassung nicht vorgesehen, geschweige denn demokratisch legitimiert waren. Den größten Einfluss auf ihn übte mit dem General v. Schleicher ein Militär aus. Ossietzky begrüßte die entschiedene Haltung der SPD. Er verteidigte den Arbeitsminister Wissell, einen Gewerkschafter, der im Kabinett darauf gedrungen hatte, einen Kompromissvorschlag Brünings abzulehnen, der die Entscheidung nur vertagt hätte. Wissell wurde dafür von der bürgerlichen demokratischen Presse getadelt – noch heute werfen Historiker den damaligen Gewerkschaften mangelnde Kompromissbereitschaft vor. Für Ossietzky dagegen waren es die »letzten guten Geister der Sozialdemokratie selbst«, die Wissell dazu gebracht hatten, »ein Unternehmen zu beenden, das die Partei schließlich mit Kopf und Kragen bezahlt hätte.«[12]

Ossietzky ging davon aus, dass eine Regierung gebildet werde, die über eine Neuauflage des Bürgerblocks weit hinausgehen und nicht mehr revidierbar sein werde: »Die Herren von der alten schwarzrotgoldenen [also der Weimarer] Koalition waren immer von einer rührenden Parlamentsgläubigkeit erfüllt, wenn sie auch in ihrer Ungeschicklichkeit wenig mit dem Parlament anzufangen wussten, es vielmehr bei jeder Gelegenheit diskreditierten. Die neue Mannschaft, die sich heißhungrig herandrängt, hält vom Parlamentarismus gar nichts mehr, ist aber entschlossen, ihn zu benutzen, solange nichts Besseres da ist. Wenn aber einmal eine andere Möglichkeit winkt als die demokratische Republik, dann: Fort mit Schaden!«[13]

Der Artikel 48 eröffnete »eine andere Möglichkeit«, jedenfalls wenn man ihn missbrauchte. Brüning, der neue von Hindenburg berufene Reichskanzler, fand für seine Sparpolitik im Reichstag keine Mehrheit. Seine Vorlage zur Deckung des Staatshaushalts wurde abgelehnt. Daraufhin bewog er Hindenburg, sie als Notverordnung durchsetzen. Das war der erste Verfassungsbruch: Auch bei weitester Auslegung verlieh der Artikel 48 nicht die Befugnis, Wirtschafts- und Sozialpolitik zu betreiben, schon gar nicht eine, die breite Massen ins Elend stürzte, während Schwerindustrie und ostelbischer Agraradel begünstigt wurden. Der Artikel 48 wurde für eine Notverordnung eingesetzt, mit der die öffentliche Sicherheit und Ordnung erst gefährdet wurde, statt sie wiederherzustellen, wie es die Verfassung verlangte. Nachdem der Reichstag von seinem Recht Gebrauch gemacht hatte, die Notverordnung aufzuheben, löste der Reichspräsident ihn auf. Nach dem Wortlaut der Verfassung, aber in diesem Falle nicht nach ihrem Geist, war ihm dies ge-

---

12 Art. 915, Bd. V, S.326
13 ebd. S. 327.

stattet. Einen weiteren offenen Verfassungsbruch beging er aber dadurch, dass er die abgelehnte Notverordnung erneut erließ, ohne sie, wie es die Verfassung verlangte, dem Reichstag »unverzüglich« vorzulegen, was er nun freilich auch nicht konnte, weil er ihn selber aufgelöst hatte.

Bei der Neuwahl des Reichstags im September 1930 stellten die Wähler für das unverantwortliche Spiel mit der Verfassung die Quittung aus. Die Mandate der NSDAP schnellten von 12 auf 107 hoch. Eine kaum ins Gewicht fallende Minderheit war auf Anhieb zur zweitstärksten Fraktion nach der SPD angewachsen. »Das eröffnet abenteuerliche Aspekte«, kommentierte Ossietzky das Wahlergebnis. »Die Demokratie verschwindet tief unten. Der Aufstieg in die Stratosphäre beginnt. [...] Nicht eine bürgerliche Partei nur, der bürgerliche Gedanke überhaupt hat sein Waterloo gefunden. [...] Das deutsche Bürgertum hat für seine Entrechtung und Erniedrigung, für den Fascismus Adolf Hitlers optiert. Dieses Bürgertum hat sich politisch niemals durch Gaben und Haltung ausgezeichnet, aber wenn es seine Würde vor einem Bismarck vergaß, so war das doch Bismarck. Heute hängt es sich verzweifelt an einen halbverrückten Schlawiner, der Deutschland vor der ganzen Welt blamiert.« Ossietzky schloss mit einem Appell: »Die tragische Stunde der Republik hat begonnen. Es geht darum, Menschen zu sammeln, die bei der Abwehr der weißen Diktatur zum höchsten Einsatz bereit sind. Nieder mit dem Fascismus! Einerlei, ob er mit Hitler durch die Vordertür plumpst, ob er mit Brüning über die Hintertreppe schleicht!«[14]

Hitler wollte durch die Vordertür plumpsen und nicht über die Hintertreppe schleichen. Angebote Brünings, in den Ländern mit dem Zentrum eine gemeinsame Regierungskoalition zu bilden, wofür die Nazis als Gegenleistung sich im Reichstag auf eine »konstruktive« Opposition beschränken sollten, schlug er aus. Brüning sah sich genötigt, die SPD für die Rolle der »konstruktiven« Opposition zu gewinnen. Sie war für ihn zweite Wahl. Nicht dass ihm die Nazis sympathischer waren als die Sozialdemokraten, das ganz gewiss nicht, aber Rücksichtnahmen auf sie untergruben seine Stellung bei Hindenburg. Aufgeschreckt durch den kometenhaften Aufstieg der Nazi-Bewegung ließ sich die SPD auf Brüning als das »kleinere Übel« ein. Bei Misstrauensanträgen gegen die Regierung oder bei Anträgen zur Aufhebung von Notverordnungen enthielt sie sich der Stimme oder sie stimmte dagegen. Es mag sein, dass sie sich aus Gründen der »Staatsräson« dazu entschloss, wie gelegentlich zu lesen ist, kaum aber aus Verantwortung für die Arbeiterklasse und überhaupt für die massenhaft verelendenden Schichten des Volkes.

Für Ossietzky war Brüning weder als Person noch wegen der Rolle, die ihm vom Reichspräsidenten zugewiesen wurde, ein akzeptabler politischer Partner. Er warnte: »Dieses spitznasige Pergamentgesicht, dieser Pater Filucius mit dem E.K.I am Rosenkranz muss endlich verschwinden. Ein Mann, der nicht widerspricht, wenn sein Leiborgan das ›Ende der Weimarer Zeit‹ verkündet, ist nicht geeignet, in dieser dramatischen Epoche die Verfassung von Weimar zu verteidigen. [...] Er ist gegen die drohenden Gefahren keine schützende Mauer, höchstens die Wand

---

14 Art. 949, Bd. V, S.448

aus dem ›Sommernachtstraum‹, die sich mitten im Spiel mit einer höflichen Verbeugung entfernt: - Ich, Wand, hab meinen Part tragiert, drum Wand sich jetzt empfiehlt und abmarschiert.«[15]

Brüning ist nicht abmarschiert, er ist gegen seinen Willen entlassen worden, und fraglich ist, ob er »tragiert«, also eine tragische Rolle gespielt hat, aber das Wesentliche erkannte Ossietzky richtig: Brüning war eine Wand, die, als sie beiseite geschoben wurde, den Blick auf die hinter ihr stehende Diktatur freigab. Ossietzky hatte also guten Grund, die SPD zu warnen, sich mit Brüning einzulassen und sich damit politisch vom Reichspräsidenten und dessen Beratern abhängig zu machen. Für ihn war es das Gebot der Stunde, eine klare Gegenposition zu beziehen. Er beschwor die beiden Arbeiterparteien, die Sozialdemokraten und die Kommunisten, sich in einer »gemeinsamen Abwehrfront« zusammenzufinden, »eine wenigstens operative Einheit der deutschen Arbeiterklasse« wiederherzustellen, sonst gebe es gegen den Faschismus kein Halten mehr.[16] Ossietzky appellierte an den Selbsterhaltungstrieb der Organisationen der Arbeiterbewegung. Aber es ging ihm nicht allein um die politische Existenz der Arbeiterklasse, es ging ihm vor allem um die Republik. Von einem gemeinsamen Agieren der beiden Arbeiterparteien im Verein mit den noch übrig gebliebenen bürgerlichen Demokraten erhoffte er sich die Entstehung eines politischen Kraftfeldes, das den Zustrom der verelendeten, dem Notverordnungsregime unterworfenen Massen zu den Nazis auffangen und in die Bahnen der Republik umlenken könnte.

Mit der Wiederwahl Hindenburgs zum Reichspräsidenten im Frühjahr 1932 erreichte die Republik die letzte Etappe auf ihrem Weg in die Nazi-Diktatur. Hindenburg machte nach seiner Wahl der Regierung Brüning ein Ende. Ossietzky hatte sich im Wahlkampf für den kommunistischen Kandidaten Ernst Thälmann entschieden. Dafür wurde er in der demokratischen Presse schwer gescholten, wie er auch heute dafür kaum Verständnis findet. Doch er hatte bessere Argumente als seine Kritiker. Vier Kandidaten von politischem Gewicht standen zur Wahl. Gehen wir sie von rechts nach links durch. Auf der äußersten Rechten stand Hitler, der Führer der »nationalsozialistischen Bewegung«, ein lupenreiner Faschist. Ihm folgte Duesterberg, der zweite »Bundesführer« des »Stahlhelm. Bund der Frontsoldaten«. Diese paramilitärische Massenorganisation bildete mit den Nazis und der Deutschnationalen Volkspartei eine »Nationale Front«. Duesterberg war ein Mann Hugenbergs. Der Vorsitzende der Deutschnationalen Volkspartei wollte nicht zulassen, dass Hitler allein das rechtsextremistische Lager vertrat, aber er wollte selber nicht kandidieren, weil er bei Wahlen Hitler weit unterlegen war. Der Nächste in der Reihe war Hindenburg. Er war Ehrenvorsitzender des Stahlhelm, und wenn er auch nicht in dessen Sinne sein Amt als Reichspräsident ausübte, so war er doch verantwortlich für die Destruktion der parlamentarischen Demokratie; er stand dem Stahlhelm also nicht nur ehrenhalber nahe. Nun müsste endlich ein Kandidat kommen, der für den demokratischen Verfassungsstaat stand, und zwar verlässlich. Es gab ihn nicht. Es tat sich eine große Lücke auf. Der nächste Kandidat war Thälmann.

---

15 Art. 951, Bd. V, S.453 f. Zitat bei Shakespeare »Ein Sommernachtstraum« V. Akt, 1. Szene.
16 Art. 953, Bd. V, S.461 u. Art. 951, Bd. V, S.452.

Die SPD hatte darauf verzichtet, einen eigenen Kandidaten aufzustellen. Sie unterstützte Hindenburg, wovon der »alte Herr« möglichst nichts wissen sollte, empfand es Hindenburg doch als eine Zumutung, Kandidat der »Sozen« gegen die Rechte zu sein. Angesichts dieser Lage konnte sich die SPD von ihm keine politischen Zusagen geben lassen, insbesondere nicht die Zusage, an Brüning weiterhin festzuhalten. Tatsächlich berief Hindenburg nach seiner Wiederwahl den Herrenreiter v. Papen, der seinen parlamentarischen Rückhalt bei den Nazis suchte, indem er Hitler anbot, Vizekanzler zu werden. Der »Führer« als zweiter Mann hinter einem Herrenreiter, den man den Massen nicht präsentieren konnte, das ging natürlich nicht. Nach einem Zwischenspiel Generals v. Schleicher trat das Duo Hitler/Papen erneut auf und diesmal in der Reihenfolge, die zum Erfolg führte.

Ossietzky hatte richtig erkannt, dass sich die SPD einer Illusion hingab. Was aber versprach er sich von Thälmann? Er hätte, teilte er seinen Lesern mit, »als parteiloser Mann der Linken« gern einen akzeptablen Sozialdemokraten gewählt. Da es aber eine solchen Kandidaten nicht gebe, müsse er schon für den kommunistischen stimmen. Thälmann sei der einzige Kandidat der Linken, alles andere »mehr oder weniger nuancierte Reaktion«. Thälmann war für Ossietzky nur Ersatz – Ersatz für eine »sozialistische Einheitskandidatur«, die er sich gewünscht hätte. Nun ging er davon aus, dass viele ebenso handeln würden wie er, und dass der von ihm erhoffte Zustrom aus dem linken Lager zu Thälmann zeigen werde, welchen Erfolg eine solche Kandidatur hätte haben können.[17]

Der Zustrom blieb aus. Im notwendig gewordenen zweiten Wahlgang äußerte sich Ossietzky nicht mehr zur Kandidatur Thälmanns. Den Wahlsieg Hindenburgs kommentierte er mit klarem Blick für die Zukunft: »In der Tat, gesiegt hat keine politische These, kein Programm. Gesiegt hat nur ein sehr berühmter alter Mann. Gesiegt hat Hindenburg, ein Stück Legende, ein heroischer Rahmen, in den ein jeder nach Belieben ein buntes Geflecht von Illusionen spannen kann. Gesiegt hat ein historischer Name, der, realpolitisch betrachtet, jedoch nur ein Zéro [eine Null] darstellt, vor das erst eine konkrete Größe zu setzen ist. Wer diese Zahl setzen darf, der wird am Ende der wirkliche Sieger sein.«[18]

Schon vor der Wiederwahl Hindenburgs hatte Ossietzky die Notwendigkeit erkannt, die Republik auch außerhalb des Parlaments vor dem Faschismus zu verteidigen. Außer Demonstrationen diente dazu in erster Linie das klassische Instrument der Arbeiterbewegung: der Streik. Entgegen der verbreiteten Auffassung, dass in einer Wirtschaftskrise die Werktätigen zu Streiks nicht zu bewegen sind, wurden einige kleinere geführt. Wirklich bedeutend war der von den Kommunisten geführte Streik der Berliner Verkehrsarbeiter im November 1932. In grob verzerrter, doch gängiger Sicht erscheint er als eine gemeinsame Aktion von Kommunisten und Nazis, die der Republik geschadet habe. Tatsächlich aber versetzten die Kommunisten die Naziführung in eine schwierige Situation, was der Republik zugute kam. Die national-sozialistische Bewegung verstrickte sich in der ihr eigenen Demagogie. Während die Angehörigen der Nationalsozialistischen Betriebsorganisationen (NSBO) an der Seite ihrer kommunistischen und sozi-

---

17 Art. 1047, Bd. VI, S.325 f.
18 Art. 1050, Bd. VI, S.334.

aldemokratischen Kollegen streikten, musste Hitler sich vor dem aufgebrachten Hindenburg rechtfertigen. Er legte dar, dass die Nazifühung gezwungen sei, sich am Streik zu beteiligen, um den Einfluss auf die Arbeiterschaft nicht zu verlieren. Am 30. Januar 1933 zeigte es sich, dass Hindenburg ihm verziehen hatte.

Ossietzky erwähnte den Streik nur indirekt. Er meinte ihn, wenn er lobend feststellte, dass »ein eigner Wille der Arbeiterschaft wieder manifest wird«, dass »diese sich zum ersten Mal seit der unseligen Tolerierungsperiode wieder in sicher durchgeführten Streiks der Sozialreaktion erwehrt.«[19] Ausführlich konnte sich Ossietzky zum Streik nicht äußern, da er als »Landesverräter« im Gefängnis einsaß. Die Vorgeschichte seiner Inhaftierung gehört noch in die Zeit der Kanzlerschaft Brünings.

Unter Brüning wurde die Republik nicht nur durch eine asoziale Sparpolitik schwer geschädigt, sondern auch durch begleitende Eingriffe in die politische und persönliche Freiheit. Da Ossietzky im Unterschied zu manch einem seiner bürgerlichen Berufskollegen nicht bereit war, sich auf den neuen autoritären Kurs mit seinen Einschränkungen der Pressefreiheit einzustellen, musste er sich um die Existenz der *Weltbühne* Sorgen machen. Schon bald nach den Septemberwahlen 1930 überlegte er mit Tucholsky, im Ausland ein zweites Standbein für die Zeitschrift zu schaffen. Als zwei Jahre später die erste Nummer einer eigenen *Wiener Weltbühne* erschien, saß Ossietzky schon im Gefängnis. Er hatte das Unheil kommen sehen. Brüning hatte vorher sein Kabinett umgebildet. Er hatte den republikanisch gesinnten Wirth – auch eine Wand aus dem »Sommernachtstraum« – entlassen und das Innenministerium dem ehemaligen General und amtierenden Reichswehrminister Groener zugeschlagen. Diese Ämterkumulation fand Ossietzky in hohem Maße alarmierend. Und tatsächlich eröffnete der General einen schwungvollen Feldzug gegen Pazifisten, deren prominentestes Opfer Ossietzky selber wurde.

Das Reichsgericht verurteilte Ossietzky wegen Landesverrats zu einer Gefängnisstrafe, weil er einen Artikel in der *Weltbühne* zu verantworten hatte, dessen Autor die zivil getarnte illegale Entwicklung einer deutschen Luftwaffe zur Sprache gebracht hatte. Der Reichstag, der die notwendigen Gelder zu bewilligen hatte, war über deren wirkliche Verwendung getäuscht worden. Es tat sich also ein Konflikt zwischen Reichswehr und Reichstag auf, zwischen Militär und Parlament, den Ossietzky aufdecken und an der Seite des Parlaments austragen wollte. Weil das Reichsgericht die Interessen des Militärs höher schätzte, musste er sein Eintreten für die Verfassung im Gefängnis büßen.

Im Gefängnis konnte Ossietzky das nunmehr beschleunigte, unaufhaltsame Abgleiten der Republik in die Diktatur nicht mehr kommentierend begleiten. Er schrieb Rezensionen, die in der *Weltbühne* unter einem Pseudonym veröffentlicht wurden. Unter seinem Artikel zum Antisemitismus wollte er allerdings seinen Namen stehen sehen. Um dies zu ermöglichen, erfand die Redaktion die Legende, dass sie ein fertiges Manuskript des Artikels in Ossietzkys Schreibtisch gefunden habe. Weihnachten ist ein Fest, das auch Nazis, selbst Kommunisten feiern sollen. Der

---

19 Art. 1068, Bd. VI, S.432.

Reichstag erließ eine Amnestie für politische Gefangene. In ihren Genuss kam auch Ossietzky, obwohl er nicht zu ihnen gehörte. Ihm hatte das Reichsgericht keine politischen Motive für seinen »Landesverrat« zuerkannt. Doch die SPD beharrte darauf, dass ohne Ossietzky die ganze Amnestie ins Wasser fallen werde. Bei seiner Entlassung regierte Schleicher, der sich vergeblich um eine parlamentarische Rückendeckung bemühte, die ihm eine »Querfront« geben sollte, die von Gregor Strasser (der als Nazi die »antikapitalistische Sehnsucht des deutschen Volkes« teilte) bis zu den sozialistischen Gewerkschaften reichte. Ossietzky appellierte jetzt nicht mehr an die beiden Arbeiterparteien. Es erschien ihm wohl fruchtlos. Sein Blick war auf die paar Gestalten gerichtet, die nun über die Geschicke der deutschen Republik entschieden:

Ob sich Schleicher mit Adolf verträgt oder mit Gregor gegen Adolf, ob er mit Hugenberg regiert oder ihn an die Wand quetscht – das Prinzip ist immer das gleiche. Es heißt immer Autorität und Militarismus gegen Demokratie, Sozialismus, Republik, es heißt immer Herrenschicht gegen Volk, einerlei ob diese offen durch Agrar- und Industriefeudalismus repräsentiert oder von Hitler- und Seldte-Kohorten maskiert wird.[20]

Autorität gegen Demokratie, Herrenschicht gegen Volk – das ist die Sprache der Demokraten in der Zeit der bürgerlichen Revolutionen. Noch sieht Ossietzky die SA- und Stahlhelmkohorten als Maskerade der wirklichen Herren im ostelbischen Junkertum und in der rheinisch-westfälischen Schwerindustrie. Diese Einschätzung war weit verbreitet, nicht zuletzt in der Herrenschicht selber. Als aber in der Nacht des Reichstagsbrandes ein ungehemmter Staatsterror losbrach, Hindenburg mit einer Verordnung »zur Abwehr kommunistischer staatsgefährdender Akte« das Gründungsdokument der NS-Diktatur erließ, erwies sich die Maske als eine Substanz, die imstande war, bei der Errichtung der Diktatur eigenmächtig vorzugehen. Sie machte der Republik und Ossietzkys Kampf für die Demokratie endgültig ein Ende.

Ossietzky gehörte zu den ersten Opfern, noch bevor der Reichstag mit dem Ermächtigungsgesetz die Republik der faschistischen Diktatur auslieferte. Das Parlament ermächtigte die Regierung, eigenmächtig Gesetze zu erlassen, sogar solche, die gegen die Verfassung verstießen. Otto Wels wies in seiner Reichstagsrede Hitler darauf hin, dass er die Mehrheit habe und also parlamentarisch regieren könne. Aufgebracht wies Hitler das Ansinnen in einer bösartigen Rede gegen die »Novemberverbrecher« zurück. Die bürgerlichen Parteien ergriffen nicht die Möglichkeit, auf die der Sozialdemokrat sie hinwies, sondern kamen dem Verlangen des Faschisten nach. Bis auf den letzten Hinterwäldler stimmten sie geschlossen für das Ermächtigungsgesetz. Deutlicher konnte sich die Spaltung der kapitalistischen Klassengesellschaft in der politischen Parteienlandschaft nicht widerspiegeln.

---

20 Art. 1072, Bd. VI, S.445.

Carl von Ossietzky und die Justiz

Ingo Müller

Der »Ritter ohne Furcht und Tadel«, wie Freunde Ossietzky in Anspielung auf seinen Adelsnamen und nicht ohne Anerkennung nannten, entstammte kleinen Verhältnissen. Sein früh verstorbener Vater war Berufssoldat, später Stenograph bei einem einflußreichen Hamburger Advokaten gewesen, seine Mutter führte nach dem Tod des Vaters eine Kaffeestube. Erste politische Prägungen erhielt der am 3. Oktober 1889 geborene Carl von Ossietzky durch seinen Stiefvater, einen Bildhauer und Holzschnitzer, der ihn zu verschiedenen sozialdemokratischen Veranstaltungen mitnahm, so zu Kundgebungen von August Bebel; auf Anregung des Stiefvaters besuchte der junge Carl auch einen Vortrag der damals schon berühmten Pazifistin Bertha von Suttner. Nach mäßigem Realschulabschluß scheiterte Ossietzky am Examen für die mittlere Reife, und nur durch Protektion des ehemaligen Arbeitgebers seines Vaters kam er 1907 als Hilfsschreiber beim Amtsgericht unter. Dort bescheinigte man ihm zunächst, er sei »wenig befähigt«, und seine Handschrift bedürfe der Besserung. Nach drei Jahren und nach besserer Beurteilung stieg er jedoch in die Schreibstube des Grundbuchamtes auf. Diese Tätigkeit diente allerdings nur seinem kargen Broterwerb und füllte ihn keineswegs aus. Er führte ein regelrechtes Doppelleben. Sein früh gewecktes politisches Interesse führte ihn 1908 zur Demokratischen Vereinigung, einer liberal demokratischen Absplitterung der »Freisinnigen Vereinigung« unter Führung von Theodor Barth, Rudolf Breitscheid und Hellmuth von Gerlach. Auf deren Versammlungen hielt Ossietzky 1908 seinen ersten öffentlichen Vortrag, dessen Thema das Leitmotiv all seiner späteren publizistischen Tätigkeit abgeben könnte: »Militärdiktatur oder Bürgerrecht«.

Seine ersten Veröffentlichungen erschienen im Organ der Demokratischen Vereinigung »Das Freie Volk«, zu deren Autoren damals Emil Faktor, Hellmuth von Gerlach, Erich Kuttner, Otto Lehmann-Rußbüldt, Helene Schreiber und Helene Stoecker zählten. 1913 erschien sein erster Leitartikel, und im selben Jahr stand er bereits das erstemal wegen seiner publizistischen Tätigkeit vor Gericht. Ein Erfurter Kriegsgericht hatte einige Reservisten nach einer Wirtshausschlägerei wegen »militärischen Aufruhrs« zu hohen Zuchthausstrafen verurteilt. Ossietzky empörte sich in einem geharnischten Artikel über das »Bluturteil« und griff die Militärrichter scharf an: »Die Militärjustiz sandte mehr Krüppel ins Land als alle Schlachten«. Das Ergebnis war eine Verurteilung zu 200 Mark Geldstrafe wegen Beleidigung der Militärrichter. Kurz danach heiratete er die englische Frauenrechtlerin Maud Lichfield-Woods und quittierte, da er hoffte, ganz von seiner journalistischen Arbeit leben zu können, den Justizdienst. Ein knappes Jahr später mußte er jedoch um Wiederaufnahme bitten. Aber sein politisches Engagement litt nicht unter dem wieder aufgenommenen Brotberuf. Zur Festigung seiner pazifistischen Einstellung bedurfte es der Kriegserfahrungen nicht mehr. Nachdem er im Juni 1916 als Armierungssoldat eingezogen und an der Westfront eingesetzt war, nahm er nach der Rückkehr aus dem Kriege endgültig seinen Abschied von der Justiz. Vorübergehend arbeitete er beim Arbeiter-und-Soldaten-Rat in Hamburg, und 1919 wurde er auf Empfehlung Hellmuth von Gerlachs Sekretär der von Ludwig Quidde geleiteten Deutschen Friedensgesellschaft in Berlin. Zwar stürzte er sich mit Elan in die organisatorische Arbeit, bereitete den Pazifisten-Kongreß vom 13.15. Juni 1919 vor und redigierte das staubtrockene Mitteilungsblatt der Friedensgesellschaft. Bei all diesen Aktivitäten stieß er jedoch schnell an Grenzen. Ossietzky hatte weit radikalere Ansichten als der damals tonangebende gemäßigte Flügel des organisierten Pazifismus. So blieb dieses Engagement nur eine »knappe Episode« in seinem Leben, und schon 1920 wechselte er zur »Volkszeitung«, zunächst als Leitartikler, ab 1922 als festangestellter politischer Redakteur. In diese Zeit fällt sein Engagement in der »Nie-wieder-Krieg-Bewegung«, die er zusammen mit Emil Julius Gumbel, Kurt Tucholsky, Otto Lehmann-Rußbüldt und Karl Vetter 1919 initiiert hatte.

Aus der Zusammenarbeit mit Karl Vetter entwickelte sich auch der Gedanke, eine radikal-demokratische pazifistisch orientierte republikanische Partei zu gründen. Ossietzky organisierte und schrieb das Programm der Partei, er gründete sogar eigens ein Parteiorgan, »Die Republik«. Die Beteiligung an den Wahlen im Sommer 1924 endete jedoch mit einem Debakel, die Partei erhielt nicht einmal die für ein Reichstagsmandat erforderlichen 60.000 Stimmen. An ein Verbleiben bei der der Demokratischen Partei verpflichteten Volkszeitung war nicht mehr zu denken. Ossietzky wechselte daher als verantwortlicher Redakteur zu der von Stefan Grossmann und Leopold Schwarzschild im Rowohlt-Verlag herausgegebenen Wochenschrift »Das Tagebuch«. Zwar entwickelte er hier erstmals die für ihn typische journalistische Darstellungsform der Kommentierung politischer Ereignisse, aber er hatte bald Schwierigkeiten mit der betulichen Linie der Herausgeber und stieß nach kurzem Zwischenspiel beim »Montag-Morgen« im April 1926 zu Siegfried Jacobsohns »Weltbühne«. Die als »Schaubühne« gegründete »Wochenschrift für Politik-Kunst-Wirtschaft« hatte sich in den Nachkriegsjahren von einer mehr literarischen Zeitschrift zum politischen Forum für Republikaner, Pazifisten und Intellektuelle gewandelt. 1925 war in ihr eine aufsehenerregende Artikelserie über die »vaterländischen Verbände« erschienen, die die illegalen geheimen Rüstungen der Reichswehr und die damit zusammenhängenden Fememorde offenlegte.

Ossietzky genoß in so hohem Maße das Vertrauen Jacobsohns, daß er der einzige war, der seine Manuskripte unredigiert zur Druckerei geben konnte, ein Privileg, das nicht einmal Tucholsky genoß. Als nach Siegfried Jacobsohns Tod der als Nachfolger ausersehene Kurt Tucholsky keine Lust verspürte, sich der regelmäßigen Büroarbeit eines verantwortlichen Redakteurs zu unterziehen, erschien die Weltbühne schließlich seit dem 25. Januar 1927 »unter Mitarbeit von Kurt Tucholsky, geleitet von Carl von Ossietzky«.

Prägend wirkte Ossietzky auf die Weltbühne weniger durch Anregung und Ermunterung der Mitarbeiter, Auswahl und gründliche Redaktion der Beiträge, womit Jacobsohn dem »Blättchen« sein unverwechselbares Gesicht gegeben hatte, als vielmehr mit seinen eigenen Leitartikeln und dem, was Axel Eggebrecht »Schwäche und zugleich Stärke des Blattes« nannte: einen republikanisch-intellektuellen Pluralismus, der weniger das Ergebnis einer Richtungsbestimmung als vielmehr des Ossietzkyschen Arbeitsstils war. Freilich blieb die *Weltbühne* dabei unabhängig und kämpferisch in der Auseinandersetzung mit Militarismus und reaktionärer Justiz und in ihrem ständigen Einsatz für Demokratie, Menschenrechte und Völkerverständigung. Neben Tucholsky, der unter mehreren Pseudonymen schrieb, zählten Alfred Polgar, Walter Mehring, Morus (Richard Lewinsohn), Robert Kempner und Berthold Jacob zu ihren ständigen Mitarbeitern.

Bei der *Weltbühne* vollendete Ossietzky seinen unverwechselbaren Stil des politischen Essays, die geistreichen, ironisch bis sarkastischen Kommentare und Polemiken, mit denen er die Entwicklung der Weimarer Republik begleitete und derentwegen die Leser die – wegen der Farbe ihres Umschlags so genannten – »Roten Hefte« so schätzten. Die Auflagenhöhe – etwa 15.000 – gibt nicht annähernd den Einfluß der *Weltbühne* wieder, die schon zu Jacobsohns Zeiten wie keine andere Zeitung geliebt und gehaßt wurde. In vielen Städten entstanden Lesergemeinschaften, die regelmäßig zusammentrafen, um einzelne Artikel zu diskutieren, und argwöhnisch wurde jede Enthüllung rechtswidriger Machenschaften des Militärs im Reichswehrministerium und bei der Reichsanwaltschaft registriert.

1927 stand Ossietzky erneut vor Gericht, und zwar gleich mehrmals. In seiner kurzen Zeit als Redakteur des »Montag-Morgen« hatte er ein Gedicht von Erich Weinert veröffentlicht, in dem ein Landungsmanöver der Reichsmarine verulkt würde. Das brachte Ossietzky eine Geldstrafe über 500 Reichsmark wegen Beleidigung ein. Ein Ermittlungsverfahren wegen Verrats militärischer Geheimnisse, zu dem zwei Aufsätze in der *Weltbühne* über den späteren Geheimdienstchef Canaris Anlaß gaben, wurde eingestellt. Nachdem die *Weltbühne* 1927 anläßlich der Verurteilung des Fememörders Oberleutnant Schulz in einem »Plädoyer für Schulz« behauptet hatte, »daß der Oberleutnant nur erteilte Befehle ausgeführt« habe und gefordert hatte, daß man neben ihn mindestens seine unmittelbaren Vorgesetzten, »aber wahrscheinlich auch den Obersten von Schleicher und den General von Seeckt« auf die Anklagebank setzen müßte, wurde Ossietzky mit zwei Monaten Gefängnis, in zweiter Instanz zu 1000 Mark Geldstrafe verurteilt. Nach der erstinstanzlichen Verurteilung, in der der Gerichtsvorsitzende ihn ermahnt hatte, sich die Verurteilung zur Warnung dienen zu lassen, schrieb Ossietzky, empört über diese Zumutung: »Man mag uns verurteilen, heute, morgen, übermorgen, wir werden es hinnehmen, aber unser Stolz wird sein, nicht gebessert', sondern nur energischer, schärfer, dichter und zäher zu werden«.

Ernst wurde es, als die *Weltbühne* im März 1929 einen Artikel ihres Luftfahrtexperten Walter Kreiser über die (nach dem Versailler Vertrag verbotenen) Luftfahrtaktivitäten der Reichswehr, mit dem Titel »Windiges aus der deutschen Luftfahrt«, veröffentlichte. Nachdem er sich zunächst viel Zeit gelassen hatte, klagte der Oberreichsanwalt Ossietzky und Kreiser wegen Geheimnisverrats vor dem Reichsgericht in Leipzig an. Im November 1931 wurden sie in einer nichtöffentlichen Verhandlung wegen Verrats militärischer Geheimnisse zu 18 Monaten Gefängnis verurteilt. Das Urteil löste weltweite Empörung aus, enthielt es doch das Eingeständnis, daß Deutschland – wie übrigens schon weltweit bekannt – ständig gegen die Bestimmungen des Versailler Vertrages verstieß. Nach der Verurteilung legte Ossietzky in der *Weltbühne* umfassend »Rechenschaft« ab.

Der ungewöhnlich lange Artikel stellt so etwas wie Ossietzkys politisches Testament dar. Es ist das Vermächtnis eines Außenseiters, der sich seit seiner Trennung vom organisierten Pazifismus »ganz dem großen Umschmelzungsprozeß anvertraut« hat und der bekennt: »daß mein Verstand sich noch immer zu der heute so geschmähten Demokratie bekennt, während mein Herz unwiderstehlich dem Zuge der proletarischen Massen folgt, nicht dem in Doktrinen eingekapselten Endziel, sondern dem lebendigen Fleisch und Blut der Arbeiterbewegung, ihren Menschen, ihren nach Gerechtigkeit brennenden Seelen«. Es waren die politischen Verhältnisse, die Ossietzky in den Zeiten stärkerer Polarisierung nach links drängten. Gegen die Tendenz bürgerlicher Demokraten und der Sozialdemokrade, das jeweils geringere Übel zu wählen, schlug Ossietzky sich bisweilen auch auf die Seite der Kommunisten. Angesichts der Kandidaten Hindenburg, Hitler, Düsterberg (Stahlhelm) und Thälmann (KPD) rang sich Ossietzky, der gern »für einen akzeptablen Sozialdemokraten wie Paul Löbe oder Otto Braun gestimmt« hätte, dazu durch, Thälmanns Wahl zu empfehlen, weil alles andere doch nur »mehr oder weniger nuancierte Reaktion« sei. Zwei Wochen nachdem Hitler die Kanzlerschaft zugefallen war, am 17. Februar 1933, bekannte er schließlich auf einer Versammlung des Schutzverbandes Deutscher Schriftsteller-: »Ich gehöre keiner Partei an. Ich habe nach allen Seiten gekämpft, mehr nach rechts, aber auch nach links. Heute jedoch sollten wir wissen, daß links von uns nur noch Verbündete stehen.«

Eine Petition an den Reichspräsidenten, Ossietzkys Strafe abzukürzen oder zumindest in Festungshaft umzuwandeln, blieb erfolglos, obwohl sie 43 600 Unterschriften trug, darunter die von Thomas Mann, Heinrich Mann, Lion Feuchtwanger, Jakob Wassermann, Arnold Zweig und vieler anderer Prominenter. Man wollte offensichtlich an dem Unbotmäßigen ein Exempel statuieren. Ossietzky lehnte es ab, sich wie Kreiser der Strafe durch Flucht ins Ausland zu entziehen. Er zog es vor, die Strafe anzutreten, weil er »als Eingesperrter am unbequemsten« war. Sein Haftantritt wurde eine große Demonstration, Freunde und Anhänger begleiteten ihn bis zum Gefängnistor,

Noch einmal mußte sich Ossietzky 1932 – aus der Strafhaft vorgeführt – vor Gericht verantworten. Tucholsky hatte in der *Weltbühne* in einem Artikel geschrieben: »Soldaten sind Mörder.« Weltkriegsteilnehmer fühlten sich beleidigt und stellten Strafantrag. Ein mutiges Gericht sprach ihn jedoch frei.

Zwar wurde Ossietzky im Zuge einer Amnestie, Weihnachten 1932, aus dem Gefängnis entlassen. Am Morgen des 28. Februar 1933, nach dem Reichstagsbrand, wurde er jedoch unter Bezug auf seine Verurteilung wegen Landesverrats erneut verhaftet und in Schutzhaft genommen. Noch am Abend vorher, bei einer Diskussion mit Freunden, hatte es Ossietzky – wie vor seinem Haftantritt – abgelehnt, ins Ausland zu fliehen: »Flucht wäre das Bekenntnis, unrecht zu haben, hieße, jenen den moralischen Triumph gönnen.« Am 7. März, zwei Wochen nach Ossietzkys Verhaftung, erschien die *Weltbühne* zum letztenmal. Das kurze Editorial auf der letzten Seite lautete ganz im Ossietzkyschen Geist: »So schmerzlich die Konstatierung auch ist: unsere Kritik, unsere Warnungen waren mehr als berechtigt. Trotzdem: Es wird weiter gearbeitet, denn der Geist setzt sich durch.«

Ossietzkys Leidensweg führte zum Polizeigefängnis am Alexanderplatz über die Feste Spandau und das von der SA betriebene Konzentrationslager Sonnenburg in das Moorlager Esterwegen bei Papenburg. Carl J. Burckardt, der als Vertreter des Internationalen Komitees vom Roten Kreuz das Lager besuchte, war erschreckt, als ihm Ossietzky vorgeführt wurde: »Ein zitterndes, totenblasses Etwas, ein Wesen, das gefühllos zu sein schien, ein Auge verschwollen, die Zähne eingeschlagen, er schleppte ein gebrochenes, schlecht geheiltes Bein.« Ossietzky, der unter der harten Arbeit, der unmenschlichen Unterbringung und Verpflegung und den unsäglichen Schikanen der SS-Bewacher litt, wurde 1934 für den Friedensnobelpreis vorgeschlagen. Da der Nominierungstermin jedoch überschritten war, mußte der Vorschlag Ende 1935 wiederholt werden. Während die Liste prominenter Befürworter immer länger wurde, mehrten sich auch die Berichte über Ossietzkys bedrohlichen Gesundheitszustand. Trotz aller diplomatischen Aktivitäten der deutschen Regierung und eines vernichtenden Votums ausgerechnet von Knut Hamsun, Ossietzkys Lieblingsschriftsteller, erhielt Carl von Ossietzky 1936 den Friedensnobelpreis nachträglich für das Jahr 1935. Ossietzky wurde zwar um das Preisgeld betrogen, die internationale Aufmerksamkeit hatte jedoch bewirkt, daß er – inzwischen todkrank – in ein Berliner Polizeigefängnis verlegt wurde. Er starb am 4. Mai 1938 an den Folgen der Lagerhaft, nachdem er die letzten beiden Lebensjahre unter strenger Gestapo-Haft im Krankenhaus verbracht hatte.

Daß Carl von Ossietzky zu den führenden deutschen Pazifisten gezählt wird, versteht sich nicht von selbst. In seiner persönlichen Rechenschaftslegung gestand er, daß »der organisierte Pazifismus in meiner inneren und äußeren Existenz nicht mehr als eine knappe Episode bedeutete«, und sein Verhältnis zu ihm blieb gespannt. Gnadenlos rechnete er mit seinen Schwächen und inneren Widersprüchen ab. An der »Friedens-Bertha« (von Suttner) nahm er »ein sanftes Aroma der Lächerlichkeit« wahr, insgesamt schienen ihm die Pazifisten »eine sehr rechtgläubige Sekte ohne federnde Kraft, eine etwas esoterische Angelegenheit, an der die Politik vorüberging«, ihre Führer hielt er für »geradezu bestialisch unbegabt« und »dumm«. Bei all dieser beißenden Kritik legte Ossietzky jedoch Wert darauf, »als Pazifist zu Pazifisten gesprochen« zu haben, und später, unter dem Druck der Verfolgung durch die Nazis, bekannte er: »Ich war Pazifist und werde Pazifist bleiben«. Er war überzeugt, daß der Pazifismus »die notwendigste Idee unserer Zeit (sei), daß Deutschlands Anschluß an die demokratische Welt nur erfolgen (könne) im Zeichen des Pazifismus«, und stets hatte er für eine stärkere politische Orientierung gefochten: »Der Pazifismus muß politisch werden, und nur politisch«. Kein Zweifel, Ossietzky war Pazifist, unbelehrbarer Zivilist und Außenseiter in einer Gesellschaft, in der nach seinen Worten »der sogenannte Wehrgeist ausschließlich im Mittelpunkt der Politik steht«. Sein ganzes Leben war vom Kampf gegen das anmaßende Militär und die mit ihm verschwisterte Justiz geprägt. Außenseiter war Ossietzky aber selbst unter den Außenseitern. Mit seiner Geradlinigkeit und Unbeirrbarkeit verdarb er es sich mit den Pazifisten, über deren Sektierertum er sich mokierte, mit den Sozialdemokraten, deren Kompromißlertum er stets ironisierte, mit den Kommunisten, deren Taktiererei und Einäugigkeit er verabscheute, und mit dem Reichsbanner Schwarz-Rot-Gold, dessen martialisches Gerassel ihm zuwider war. Für die konservativen Eliten, Justiz, Bürokratie und natürlich Militär, war er ohnedies der innere Feind schlechthin.

All das erklärt jedoch weder, warum Ossietzky der Friedensnobelpreis zuerkannt wurde, noch die Anziehungskraft, die sein Name, mehr als der aller anderen deutschen Träger dieses Preises, bis heute ausübt. Er hat sich weder Verdienste um die internationale Propagierung der Friedensidee erworben, wie die von ihm so geschmähte Bertha von Suttner, noch war er jahrzehntelang Leitfigur einer großen Friedensorganisation wie Ludwig Quidde, noch hat er einen entscheidenden Beitrag zur Friedenssicherung und Völkerverständigung geleistet wie Gustav Stresemann oder Willy Brandt. Gewiß, Ossietzky war Sekretär der Friedensgesellschaft gewesen, er hatte unermüdlich für die Aktion »Krieg dem Kriege« gearbeitet und entscheidend zum Erfolg der regelmäßig wiederkehrenden Aktionstage beigetragen, doch dafür hätte man ihm nicht den Nobelpreis gegeben. Auch der politische Publizist Ossietzky, dessen von Bürgermut und republikanischem Geist geprägte Kommentierungen der politischen Geschehnisse zwischen 1918 und 1930 die umfassendste kritische Chronik der ersten deutschen Republik bilden, hat den Nobelpreis nicht bekommen. Ossietzky wurde der Preis weniger für etwas Bestimmtes, das er getan hätte, zuerkannt, als für das, was er war, und das, wofür er stand. Schon als unbestechlicher Chronist seiner Zeit war er Repräsentant des anderen, besseren Deutschland gewesen. Vollends aber nach seinem Opfergang für den Frieden wurde er zur Symbolfigur des antifaschistischen Widerstandes. Die kleine gebückte Gestalt, die so unheroisch vor ihrem Peiniger stand, war ein Symbol für die Schwäche, aber auch für die Unbeugsamkeit des Widerstandes. Als geschundener Häftling Nr. 562 brachte er den Nazis eine vernichtende moralische Niederlage bei. Heinrich Mann schrieb nach Ossietzkys Tod über den »Dulder«: »Die Tat besteht neben den Werken eines Schriftstellers, deren Folge und letztes Ergebnis sie auch ist. Ossietzky, der nicht mehr schreiben und sprechen konnte, ist in seinen Ketten dem hohen Glücksfall begegnet, daß einen Augenblick das Weltgewissen aufstand und der Name, den es aussprach, war seiner.«

Schlußstrich oder Bindestrich
Der Friedenskämpfer, KZ-Häftling und
Friedensnobelpreisträger Ossietzky

Eckart Spoo

> Spätere Generationen werden zu jenem Gürtelkampf antreten müssen,
> zu dem die deutsche Republik zu feige war.
> *Carl von Ossietzky (1933)*

An der Ossietzkystraße in Berlin-Pankow steht Carl von Ossietzky in Bronze. Wer die Skulptur sucht und findet, wundert sich, wie klein der Mann ist. Das soll er sein, der große Ossietzky? Wer aber näher herangeht und länger hinschaut, wird, der Entschiedenheit, der Geisteskraft gebannt, die von dieser Gestalt ausgeht. Carl von Ossietzky, geboren am 3. Oktober 1889, stammte aus kleinsten Verhältnissen. Seine Eltern waren aus Polen eingewandert. Ausländer. Immigranten. Der Vater, Gastwirt in einem der ärmsten Viertel Hamburgs, starb, als Carl zwei Jahre alt war. Die Mutter arbeitete als Dienstmädchen. Der Junge erreichte mit Ach und Krach durch Fürsprache eines Senators eine Schreiberstelle im Grundbuchamt. Dreimal hatte er versucht, die sogenannte Mittlere Reife abzulegen. Jedesmal war er gescheitert. In einem erhaltenen Zeugnis sieht man in Mathematik und Naturwissenschaften lauter schlechte Noten, in Geschichte aber eine Eins. Und er las viel, hatte offenbar ein starkes Gespür für humanistische, herrschaftskritische, gegen Vorurteile kämpfende Literatur. Als junger Mann schon hielt er Vorträge über literarische Themen, über Friedrich Hölderlin, George Bernard Shaw, Frank Wedekind. Er unternahm eigene literarische Versuche und entwickelte dabei zunehmend politische Interessen. Hier und da brachte er Artikel unter, in Hamburger und Berliner Blättern, und er traute sich dann auch zu, in die Hauptstadt überzusiedeln – als Organisator für die Deutsche Friedensgesellschaft und als freier Publizist.

Obwohl er ein fleißiger Autor war, blieben seine Honorareinnahmen dürftig. Die Lebensumstände, die er seiner Frau Maud bieten konnte, einer Engländerin. die sich in der Frauenbewegung engagiert hatte, waren bescheiden. Die Ossietzkys wohnten lange möbliert. Weder mit Geld noch mit Zeit konnte er seine Familie – Frau und Tochter – verwöhnen, denn wenn er nicht las oder schrieb, war er zu Versammlungen unterwegs, beteiligte sich an mancherlei Versuchen, Menschenrechtler und Pazifisten zusammenzubringen. Die Blätter, die Beiträge von ihm veröffentlichten, waren nicht die mit den größten Auflagen, aber seine vernünftigen Ansichten, vernünftig vorgetragen, brachten ihn mit hervorragenden Mitstreitern in Kontakt: mit Hellmut von Gerlach, Ludwig Quidde, Friedrich Wilhelm Förster, Albert Einstein, Siegfried Jacobsohn, dem Gründer und Chefredakteur der »Weltbühne«, und Kurt Tucholsky, dem fleißigsten, vielseitigsten Autor dieses Blattes. Die »Weltbühne« war 1905 als Theaterzeitschrift entstanden, der Umschlag rot, der Inhalt zunächst kaum politisch. Nach dem Ersten Weltkrieg kämpfte sie mit zunehmender Konsequenz gegen die politische Reaktion, gegen die Schuldigen am Kriege, die schon an den nächsten Krieg dachten, um Rache an den Siegern zu nehmen und dem Deutschen Reich endlich Anerkennung als europäische Vormacht zu verschaffen.

Ossietzky wurde ein geschätzter Mitarbeiter der »Weltbühne«, und nachdem ihr Gründer Jacobsohn 1926 jung gestorben war und Tucholsky sich als ungeeignet für die Nachfolge erwiesen hatte, bekam Ossietzky 1927 die Festanstellung als Chefredakteur.

Der weitsichtige Warner

Schon 1921, weitsichtiger als alle anderen deutschen Politiker und Publizisten, warnte Ossietzky vor Hitler – zwölf Jahre bevor Hitler Kanzler wurde. Zwölf Jahre – so viel Zeit gab es oder hätte es gegeben, die aufkommende Gefahr abzuwenden, wenn damals mehr Menschen auf Ossietzky gehört hätten.

Die offizielle Bundesrepublik Deutschland hat sich angewöhnt, die Offiziere des 20. Juli 1944 als *den* deutschen Widerstand zu ehren, also ausgerechnet diejenigen als Repräsentanten des Widerstands zu würdigen, die überwiegend selber zu den Tätern, den Schuldigen gehörten, mitschuldig waren an Kommunistenverfolgung und Judenverfolgung, am Eroberungs- und Vernichtungskrieg und sich gegen Hitler erst verschworen, als nach den sowjetischen Siegen in Stalingrad und im Kursker Bogen und nach der Landung der Westalliierten in der Normandie die militärische Niederlage Deutschlands absehbar war. Ich meine: Die wichtigste Tradition des Widerstands sollte für uns Heutige diejenige sein, die am weitesten zurückreicht: die Tradition des frühzeitigen, klarsichtigen, konsequenten Kampfes gegen Hitler, sein Mordgesindel und seine vornehmen Förderer, die sich von Nazi-Politik und -Gewalt maximalen Nutzen versprachen.

Im März 1921 zog Ossietzky eine erste Bilanz der Weimarer Republik: Sie sei vom Militarismus nicht abgerückt und habe alte Formationen mit deren reaktionären Führern geschlossen übernommen. Die Republik hätte, so schrieb Ossietzky, »einen Strich machen müssen unters Vergangene«, aber sie habe »einen dicken, weithin sichtbaren Bindestrich« gezogen. Manche sähen in Hitlers »national-sozialistischer Partei« nicht mehr als eine »Krakeelerbande und Stuhlbeingarde«. Das sei ein Irrtum, warnte Ossietzky. Tatsächlich handele es sich »um einen äußerst raffiniert arbeitenden und äußerst skrupellosen Geheimbund und eine Stoßtruppe der Gegenrevolution«. Diesen »zu allem fähigen Burschen« gelinge es, »eine Pogromstimmung vorzubereiten«. Es würden Flugblätter verbreitet gegen die »Saujudenregierung« in Berlin, und es werde versucht, oppositionelle Politiker und Publizisten durch Ankündigung bevorstehender Mordanschläge einzuschüchtern. Erinnernswert scheint mir auch Ossietzkys Hinweis im selben Artikel zu sein, daß Hitler in München, wo er damals lebte, »allgemein als das Protektionskind des Herrn Polizeipräsidenten« galt – wobei zu bedenken ist, daß die Polizei damals auch die Funktion der heutigen sogenannten Verfassungsschutzbehörden hatte. Hitler war ein V-Mann der Geheimpolizei. Nationalsozialistischer Untergrund (NSU) heißt solcher Sumpf heute.

Beharrlich warnte Ossietzky all die Jahre bis 1933 vor dem, was sich immer deutlicher abzeichnete, was aber die meisten nicht wahrhaben wollten. Er beobachtete und analysierte, wie sich die reaktionärsten Kräfte der Medien bemächtigten (genannt sei der frühere Krupp-Generaldirektor Hugenberg), wie sich das Kapital zentralisierte und monopolisierte und für die Demokratie nur Verachtung übrig hatte, wie die Justiz gewalttätige Nazis schonte und Antifaschisten drakonisch bestrafte, wie sich das Militär entgegen den Verpflichtungen des Versailler Vertrags zu neuen Angriffskriegen rüstete, wie mancher demokratisch gewählte Politiker vor den alten gesellschaftlichen Mächten in die Knie gingen, wie dem Volk weggenommen wurde, was es sich 1919 in den Tagen der Revolution erkämpft hatte, wie sich Arbeitslosigkeit, Obdachlosigkeit, Hunger und Elend ausbreiteten, wie Sozialabbau und Demokratieabbau Hoffnungen zustörten und den Nazis den Weg ebneten. Und Ossietzky kritisierte die Linksparteien, weil sie die Gefahren von rechts nicht konsequent bekämpften, soweit sie die Vordringlichkeit dieser Aufgabe überhaupt erkannten.

Militär und Justiz versuchten, diese warnende Stimme auszuschalten. Weil Ossietzkys »Weltbühne« die verfassungs- und völkerrechtswidrige Luftwaffen-Aufrüstung aufgedeckt hatte, verfolgten ihn Staaatsanwälte und Richter, die nachher bei den Nazis weiter Karriere machten. In einem skandalösen Geheimprozeß vor dem Reichsgericht in Leipzig wurde Ossietzky wegen publizistischen Landesverrats verurteilt, weil er die Wahrheit über staatliches Unrecht veröffentlicht hatte. Monatelang saß er in Haft und war dann nur wenige Wochen auf freiem Fuß, bis er unmittelbar nach dem Reichstagsbrand wieder verhaftet wurde.

Ossietzky ahnte das Martyrium, das ihm bevorstand; er zögerte, nahm es dann aber möglicherweise bewußt auf sich. Schon nach dem Urteil des Reichsgerichts hatte sich die Frage gestellt, ob er sich der Strafe entziehen, also ins Ausland gehen sollte. Er hatte das mit der Begründung abgelehnt: »... weil ich als Eingesperrter am unbequemsten bin«. Für die Zeitschrift hatten er und die Verlegerin, die Witwe des Gründers Siegfried Jacobsohn, Vorsorge getroffen durch Gründung einer Auslandsausgabe, die zunächst in Wien, dann in Prag erschien.

Der Märtyrer

Anfang April 1933 wurde Carl von Ossietzky zusammen mit Erich Mühsam, dem großen Sohne Lübecks, mit dem tapferen jungen Rechtsanwalt Hans Litten, mit 15 kommunistischen Reichstags- und mehreren Landtagsabgeordneten und vielen anderen Linken nach Sonnenburg transportiert; heute gehört die Gemeinde einige Kilometer östlich der Oder zu Polen und heißt Słońsk. Der »Sonnenburger Anzeiger« berichtete damals: »Mit dem Gesang der Nationalhymne (also »Deutschland, Deutschland über alles«; *E.S.*) mußten die Häftlinge vom Bahnhof nach dem ehemaligen Zuchthaus marschieren, wobei vielfach der Gummiknüppel der Berliner Hilfspolizei nachhalf.« Der Gummiknüppel als Nachhelfer – das war der typische Jargon sadistischer SA-Männer, die als Hilfspolizisten fungierten; die Lokaljournalisten in Sonnenburg machten sich diesen Jargon zu eigen. Und »Schutzhaft« nannte sich das, was die Gefangenen in dem ehemaligen Zuchthaus erwartete (ehemalig, weil das Zuchthaus zwei Jahre zuvor wegen unzumutbarer hygienischer Zustände geschlossen worden war). Schutzlos waren die sogenannten Schutzhäftlinge der Brutalität der Nazis ausgeliefert.

»Im Lager angekommen«, so berichtete später ein Häftling, »mußten die Gefangenen bei strömendem Regen im Hof stehen, Dann wurden die ersten in den Sälen untergebracht, Jeder mußte sich selbst Stroh aus einer anderen Etage holen. Auf der Treppe standen SA-Leute, die mit ihren Gummiknüppeln erbarmungslos auf die Gefangenen dreinschlugen. In den Sälen wurden wir wieder mit Stuhlbeinen und Gummiknüppeln geprügelt (...) Ein SA-Mann steckte den Kopf des Gefangenen zwischen seine Beine, während ein anderer zuschlug. Die Genossen mußte die Schläge laut zählen. Bis zu 185 Schläge haben einzelne Gefangene erhalten.«

Ein Beamter der Berliner Staatsanwaltschaft berichtete dem Berliner Polizeipräsidenten entsetzt von einem Inspektionsbesuch in Sonnenburg. Den Rechtsanwalt Hans Litten, schrieb er, »traf ich mit völlig verquollenem Gesicht und geschwollenem linken Auge an. Mühsam war bei den Mißhandlungen sein künstliches Gebiß zerschlagen worden. Hierbei ist zu berücksichtigen, daß es sich bei M. um einen alten Mann handelt, dessen Gesundheit ohnehin durch früher erlittene Haft bereits geschwächt ist.« So der Berichterstatter der Staatsanwaltschaft. Kreszentia Mühsam, die ihrem Mann Erich nachreiste, schrieb nach dem Wiedersehen: »Ich habe (...) ihn nicht erkannt zwischen den anderen. Wie sie geprügelt sind!«

Carl von Ossietzky war den Nazis als Autor und Redakteur der pazifistischen, antimilitaristischen »Weltbühne« besonders verhaßt. Im KZ Sonnenburg wurde er nach einem 1934 in der Exilzeitschrift »Die neue Weltbühne« erschienenen Bericht eines Mithäftlings besonders malträtiert. Da liest man: »Die Gefangenen traten auf dem Hof zum Dienst an. Carl von Ossietzky wurde im Laufschritt umhergejagt, mußte sich hinwerfen, aufstehen, wieder hinwerfen, wieder aufstehen. Betrunkene SA-Leute ließen sich das Vergnügen nicht nehmen, hinter ihm herzulaufen und Ungeschicklichkeiten Ossietzkys durch Schläge oder Fußtritte zu bestrafen. Oft vermochte sich Ossietzky kaum noch zu erheben, stumm lag er da, ohne Protest, ohne seinen Schmerz zu äußern. Solche Augenblicke benutzte der Sturmführer Bahr, ihn mit den Stiefeln zu stoßen und zu brüllen: ›Du polnische Sau, verrecke endlich!‹ Wenn sich Ossietzky erhob, wurde er wieder geschlagen und getreten. Einige Wochen wiederholten sich solche Szenen auf dem Gefängnishof.«

Nach diesen ersten Wochen lag Ossietzky im Krankenrevier und sah um Jahre gealtert aus. »Gebückte Haltung, eingefallenes Gesicht, gelbe, krankhafte Gesichtsfarbe, nervöses Gestikulieren mit den Händen, schlotternder Gang«, so wurde er von einem zeitweiligen Mitgefangenen geschildert.

Trotz aller Schikanen hat Ossietzky nie geklagt. Ausländische Journalisten, die das Lager einmal besuchen durften, schrieben über die Begegnung mit Ossietzky, er habe auf alle Fragen mit »gut« oder »ja« geantwortet. Als ihn der US-amerikanische Journalist Hubert G. Knickerbocker zum Schluß fragte, ob er noch einen besonderen Wunsch habe, sagte Ossietzky: »Ja, schicken Sie mir die Bücher über den Strafvollzug im Mittelalter.«

Auch seiner Frau, die ihn während seiner mehr als zehnmonatigen Haft in Sonnenburg zweimal besuchen durfte (das erste Mal nur für wenige Minuten), sagte und schrieb er immer wieder, ihm gehe es gut. Zugleich sorgte er sich zart und klug um sie und die damals 13jährige Tochter, die zu seiner Erleichterung nach England in Sicherheit gebracht wurde. Seine stoische, tapfere Haltung bewahrte er auch im KZ Esterwegen, dem Arbeitslager im Moor an der deutsch-niederländischen Grenze, in das er im Februar 1934 verlegt wurde. Ein Sonnenburger Mithäftling schrieb später über Ossietzky: Er, der am meisten Exponierte und darum am meisten Gequälte, verstand es sogar noch, anderen Mut und Kraft zu geben.«

Weltweiter Kampf um Ossietzky

Freunde und Kollegen im Exil versuchten, sein Martyrium weltweit bekannt zu machen und die Propagandaschleier wegzuziehen, hinter denen das Nazi-Regime seine Verbrechen verbarg. Über den Faschismus aufzuklären, war damals – 1933, 34, 35 – nicht einfach, denn Hitler hatte viele Bewunderer im Ausland. Einer von ihnen war der US-amerikanische Großindustrielle Henry Ford, ein anderer Prescott Bush, der Vater des späteren Präsidenten George Bush und Großvater von George W. Bush. Die wirtschaftlich dominierenden Kräfte vieler Länder schätzten an Hitler vor allem, daß es in Deutschland nun keine Streiks, keine Gewerkschaften und außer der NSDAP keine Parteien mehr gab. Einen wertvollen propagandistischen Dienst erwies ihm der Papst durch Abschluß des Konkordats (concordia: herzliche Übereinstimmung, E.S.). Um so schwieriger war es, die Wahrheit über das Nazi-Regime zu verbreiten.

Wertvolle Unterstützung kam 1934 aus Polen. »Die neue Weltbühne« berichtete: »In Warschau, Krakau und Lemberg wurden literarische Abende veranstaltet, bei denen über Ossietzkys Schicksal viel gesprochen wurde. Es wurden Telegramme an Ossietzky, an das deutsche Propagandaministerium und an die deutsche Gesandtschaft in Warschau gerichtet. Als Propagandaminister Goebbels in Warschau war, versuchte eine Delegation von Intellektuellen und Arbeitern, den deutschen Gesandten von der Erregung der polnischen Pazifisten über Ossietzkys Schicksal zu unterrichten. Sie wurde nicht vorgelassen. Das reizte viele polnische Organisationen noch mehr, und es gibt jetzt in Polen eine lebhafte Bewegung für die Freilassung der in deutschen Konzentrationslagern schmachtenden politischen Gefangenen.«

Ähnliche Initiativen entstanden in Frankreich und in Schweden, meist ausgehend von deutschen Emigranten. Besonders wirkungsvoll war die Kampagne für die Verleihung des Friedensnobelpreises an Carl von Ossietzky. Sie erforderte viel Engagement. Überzeugungskraft und Ausdauer. Es beteiligten sich, um nur einige bekannte Namen zu nennen, Albert Einstein, Thomas Mann, Virginia Woolf, Bertrand Russell. Aber in Norwegen, dem Land, das die Friedensnobelpreise vergibt, galt Hitler ebenso wie in anderen Ländern in Kreisen der Reichen und Einflußreichen als Hoffnungsträger. Der damals wohl prominenteste Norweger, der Literaturnobelpreisträger Knut Hamsun, der mit Nazi-Deutschland sympathisierte, namentlich mit Joseph Goebbels, opponierte scharf gegen eine Ehrung Ossietzkys. Die Widerstände waren so stark, daß Norwegen 1935 keinen Friedensnobelpreis verlieh. Als schließlich 1936 die Entscheidung für Ossietzky gefallen war, hielt das norwegische Königshaus es für richtig, der Verleihungszeremonie fernzubleiben – eine beispiellose Brüskierung. Adolf Hitler verkündete, nunmehr sei es allen Deutschen für alle Zeit verboten, einen Nobelpreis anzunehmen. Das wirkt von heute aus gesehen lächerlich, aber es zeigt auch, wie stark sich Hitler damals fühlte.

Daß das angestrebte Ziel der Kampagne erreicht wurde, woran übrigens auch Willy Brandt mitwirkte, der damals als Emigrant in Norwegen lebte, war ein erster großer Erfolg der internationalen Anstrengungen, über den faschistischen Terror in Deutschland aufzuklären und Solidarität mit den Opfern zu wecken. Endlich drangen Einzelheiten aus den KZ's an die Weltöffentlichkeit.

Die Nazis ließen Ossietzky nicht zur Entgegennahme des Preises nach Oslo reisen. Das Preisgeld blieb größtenteils bei einem betrügerischen Rechtsanwalt hängen. Ossietzky, 46 Jahre alt, war inzwischen schwerkrank. Er litt an Tuberkulose. Es besteht der Verdacht, daß ihm in Esterwegen Tuberkel eingespritzt worden waren. Ein Versuch Hermann Görings, ihn zu einer Ergebenheitserklärung zu bewegen, prallte an seiner Charakterfestigkeit ab. Immerhin entließen ihn die Nazis aus dem KZ. In einem kleinen Berliner Krankenhaus, dem Nordend-Krankenhaus des jüdischen Arztes Dr. Dosquet an der Mittelstraße in Pankow, fand er mit seiner Frau Aufnahme und ärztliche Obhut bis zu seinem Tode – immer unter der Kontrolle der Geheimen Staatspolizei.

Ossietzky starb am 4. Mai 1938 im Alter von 48 Jahren. Es durfte keine Trauerfeier gehalten werden. Am Urnengrab auf dem Friedhof an der Buchholzer Straße durften keine Blumen niedergelegt werden. Der Witwe wurde verboten, eine Namenstafel anzubringen. Maud von Ossietzky wurde gezwungen, den Namen Ossietzky abzulegen. Nichts sollte an Ossietzky erinnern.

Als Bert Brecht in Paris die Todesnachricht erhielt, schrieb er sein Gedicht

AUF DEN TOD EINES KÄMPFERS FÜR DEN FRIEDEN
Dem Andenken Carl von Ossietzkys

Der sich nicht ergeben hat
Ist erschlagen worden
Der erschlagen wurde
Hat sich nicht ergeben.

Der Mund des Warners
Ist mit Erde zugestopft.
Das blutige Abenteuer
Beginnt.
Über das Grab des Friedensfreundes
Stampfen die Bataillone.

War der Kampf also vergebens?

Wenn, der nicht allein gekämpft hat, erschlagen ist
Hat der Feind
Noch nicht gesiegt.
Aber es vergingen noch sieben Jahre, und mehr als 50 Millionen Menschen starben einen gewaltsamen Tod, bis der Feind besiegt war.

Ist er besiegt? Ist 1945 – anders als 1918/19 – ein Schlußstrich gezogen worden? Oder doch wieder ein dicker Bindestrich?

Fragen nach 70 Jahren

Wer Carl von Ossietzky ernsthaft ehren will, kann sich diesen Fragen nicht entziehen. Mit der gedanklichen und sprachlichen Schärfe, die er uns gelehrt hat, müssen wir uns selber befragen: Ist es gelungen, die militaristischen, antidemokratischen Kontinuitäten zu brechen?

Seine Tochter Rosalinde (1919 - 2000) hoffte zeitlebens, die bundesdeutsche Justiz werde das Landesverratsurteil des Reichsgerichts gegen Carl von Ossietzky aufheben. Ihr ging es nicht nur darum, den Vater von einem Makel zu befreien; ihr ging es um die notwendige Selbstreinigung der deutschen Justiz, die dazu jedoch nicht bereit war. Übelste Nazi-Staatsanwälte und -Richter wurden nicht etwa bestraft, sondern, wie Ingo Müller es in seinem Buch »Furchtbare Juristen« präzise schildert, weiter beschäftigt und befördert – bis hin zum Präsidenten des Bundesverfassungsgerichts. Im gleich nach der deutschen Kapitulation beginnenden Kalten Krieg gegen den altbösen Feind Sozialismus wurden sie alle gebraucht – ebenso wie die Generäle, die Geheimdienstler und die tonangebenden Propagandisten aus Goebbels' Schule, die Verleger, die an der Volksverdummung und Volksverhetzung gut verdient hatten, und die Bankiers und Rüstungsfabrikanten, die Finanziers der Nazis.

Ossietzky schrieb 1931: »Der Krieg ist ein besseres Geschäft als der Friede. Ich habe noch niemanden gekannt, der sich zur Stillung seiner Geldgier auf Erhaltung und Förderung des Friedens geworfen hätte. Die beutegierige Canaille hat von eh und je auf Krieg spekuliert.« Hat sich das geändert? Sind wir uns der vom Monopolkapitalismus ausgehenden Gefahren, der Kriegsgefahren, vor denen er warnte, wenigstens bewußt? Ist uns klar, was es bedeutet, daß Deutschland heute der drittgrößte Waffenexporteur der Welt ist? Und daß die Bundeswehr durch ihre Militärpolitischen Richtlinien die Aufgabe erhalten hat, der deutschen Wirtschaft den Zugang zu Rohstoffen und Absatzmärkten zu sichern? Haben wir uns an die imperialistische Ausrichtung der deutschen Politik gewöhnt?

Die Überlebenden des antifaschistischen Widerstands schworen einander 1945: »Nie wieder Faschismus! Nie wieder Krieg!« Doch als dann die NATO gegründet wurde, war sogleich auch Portugal dabei, eine faschistische Diktatur, die in mehreren afrikanischen Ländern Kolonialkriege führte. Und 1967 putschten faschistische Obristen in Griechland exakt nach dem NATO-Plan »Prometheus«. Und das NATO-Mitglied Türkei überfiel die blockfreie Republik Zypern und annektierte fast 40 Prozent ihres Territoriums.

Die ukrainische Regierung, die im Februar 2014 durch einen von NATO-Staaten unterstützten Putsch an die Macht gelangt ist, besteht zum Teil aus offenen Faschisten. Zum Nationalhelden ist Stepan Bandera avanciert, der Anführer der ukrainischen Nazi-Kollaborateure, die im Zweiten Weltkrieg Zehntausende Juden, Kommunisten, Russen und Polen ermordeten. Der neue Bürgerkrieg im Südosten des Landes hat Tausende Menschenleben gefordert – brutal wie zuvor schon der von der NATO unterstützte Sezessionskrieg in Jugoslawien. Nein, Faschismus und Krieg sind nicht überwunden, auch nicht in Europa. Selbst Aufmärsche ehemaliger SS-Leute und ähnlicher Formationen in der Ukraine und vorher schon in Ungarn, Lettland und Estland werden von deutschen Medien kaum wahrgenommen. Schon das bloße Wort Faschismus wird aus der Sprache verdrängt, als wäre damit der real existierende Faschismus überwunden. Achten wir darauf? Oder lassen wir uns durch jedwede Beschwichtigungspropaganda ablenken?

Wer Krieg führen will, muß die Öffentlichkeit belügen, wie sich immer wieder bestätigt. Die Wahrheit wird dann immer wertvoller. Aber merken wir, was die landesüblichen Monopolblätter und leider oft auch die anderen Medien, auch die öffentlich-rechtlichen Rundfunkanstalten uns vorenthalten? Können wir Wahrheiten vermissen, von denen wir nichts wissen? Ein Beispiel: Die Bundeswehr verfügt schon seit einigen Jahren über eine Spezialtruppe, von der wir nichts erfahren: das Kommando Spezialkräfte (KSK). Auch der Bundestag erhält keine Informationen darüber, obwohl sich die Bundeswehr gern als »Parlamentsarmee« ausgibt und so titulieren läßt. Nicht einmal der Verteidigungsausschuß wird unterrichtet, in welchen Ländern das KSK aktiv ist, gegen wen, mit welchen Waffen, mit welchen Opfern auf beiden Seiten.

Wenn das Militär zum Staat im Staate wird, müssen tapfere Whistleblower für Publizität sorgen. In diesem Sinne zeichnete die Internationle Liga für Menschenrechte mit ihrer Carl-von-Ossietzky-Medaille 2014 den im russischen Exil lebenden Aufklärer Edward Snowdon und zwei seiner Helfer aus. Wie lange nehmen wird es hin, daß Snowdon in Moskau im Exil leben muß und die Aufdeckung krimineller Machenschaften und Kriegsverbrechen der US-Streitkräfte und -Geheimdienste dadurch erschwert ist?

Ich weiß alle Aktivitäten im Geiste Carl von Ossietzkys zu schätzen und freue mich, daß in etlichen deutschen Städten nicht nur Straßen, sondern auch Schulen nach Ossietzky benannt sind. Aber werden die Schüler an Texte von Ossietzky herangeführt? Jahrelange Auseinandersetzungen waren zu überstehen, bis das Land Niedersachsen der Universität Oldenburg erlaubte, sich nach Ossietzky zu nennen. Christ-, sozial- und freidemokratische Landespolitiker hielten ihn für ein gefährliches Vorbild, weil er einst in der Endphase der Weimarer Republik die verfeindeten Linken zur gemeinsamen Verteidigung der Republik aufgerufen hatte. Denn das gehört zur Staatsdoktrin heute wie damals: Du darfst mit Nazis gegen Linke kämpfen, aber niemals mit Linken gegen Nazis. Ossietzky hatte 1932 an Sozialdemokraten und Kommunisten appelliert, zur Wahl des Reichspräsidenten einen gemeinsamen Kandidaten aufzustellen. Die SPD lehnte ab und stimmte für Hindenburg, der dann wenig später Hitler zum Reichskanzler ernannte. Was die niedersächsische Regierung ihm vorwarf, spricht gerade für Ossietzky, den Demokraten, den weitsichtigen Analytiker, den beispielgebenden Aufklärer.

Die Oldenburger Auseinandersetzungen hatten eine erfreuliche Nebenwirkung: An der Universität entstand mit wissenschaftlicher Sorgfalt eine Ossietzky-Gesamtausgabe. Der daran beteiligte Professor Werner Boldt legte inzwischen auch eine Ossietzky-Biographie und ein Ossietzky-Lesebuch vor. Boldt war auch einer der Initiatoren der Gedenkstättenarbeit im Emsland.

Stätten des Gedenkens und der Aufklärung

Ich selber bemühte mich jahrelang vergeblich um eine informative Dauerausstellung in Słońsk, dem einstigen Sonnenburg. Polen, die nach dem Zweiten Weltkrieg dort angesiedelt worden waren, hatten ein kleines Museum geschaffen, das nicht nur an Ossietzky und seine Mithäftlinge erinnerte, sondern auch an das Massaker in der Nacht vom 30. zum 31. Januar 1945, kurz vor dem Einmarsch der Roten Armee. In einem Hof des ehemaligen Zuchthauses erschossen SS-Männer innerhalb weniger Nachtstunden 819 Häftlinge aus mehreren Nationen.

Das Sonnenburger Zuchthaus hatte seit Kaisers Zeiten der Berliner Polizei unterstanden. Ich meinte daher, es sei Aufgabe der Stadt Berlin, das Museum in Absprache mit den polnischen Behörden so herzurichten und auszustatten, wie es dem Informationsbedürfnis heutiger Besucher aus vielen Ländern entspräche. Ich versuchte, den Präsidenten des Berliner Stadtparlaments dafür zu gewinnen, den Innensenator, den Staatssekretär für Kultur. Einer schob mein Anliegen dem anderen zu.

Der Berliner Landesvorsitzende der Vereinigung der Verfolgten des Nazi-Regimes, Bund der Antifaschisten (VVN/BdA), Hans Coppi, ging dann einen anderen Weg, mit Erfolg. Er verständigte sich mit dem Bürgermeister von Słońsk, Janusz Krzyskow. Ein gemeinsam entwickeltes Konzept fand Zustimmung bei der Europäischen Union, die dann die erforderlichen Gelder bereitstellte. Berlin braucht nicht zu zahlen.

Die Nazi-Verbrechen in Słońsk blieben sämtlich ungesühnt. Kein Täter wurde belangt.

70 Jahre nach dem Massaker, am 30. Januar 2015, wurde die Gedenkstätte , die inzwischen dem Verfall nahegekommen war, neu eröffnet – würdig, eindrucksvoll und lehrreich. An der Feier nahm neben viel polnischer Prominenz der Großherzog von Luxemburg mit dem Ministerpräsidenten seines Landes teil, um besonders der 91 Luxemburger zu gedenken, die Opfer des Massakers geworden waren. Aus Deutschland erschien kein Vertreter der Bundesregierung, auch keiner des Berliner Senats.

Jetzt gibt es in Sonnenburg und in Papenburg (unweit von Esterwegen im Emsland) Gedenkstätten, die an die dort verübten Nazi-Verbrechen erinnern. Auch in der Gedenkstätte Deutscher Widerstand im Bendler-Block des Bundesverteidigungsministeriums begegnet man Ossietzky, ebenso in der Gedenkstätte an dem Platz, an dem die Geheime Staatspolizei ihren Sitz hatte (»Topographie des Terrors«); dort war er in den ersten Tagen nach seiner Festnahme inhaftiert gewesen. Die Erinnerungsarbeit, die an solchen authentischen Orten geleistet wird, hat großen Wert. Was aber fehlt, ist ein zentrales Museum, das die Geschichte und Vorgeschichte der Verbrechen schildert und zum Nachdenken anregt, wie es in einem hochentwickelten, hochzivilisierten, hochkultivierten Land zu dieser Barbarei kommen konnte. Noch viele Generationen nach uns werden Antworten auf diese Frage suchen.

Als Vorbild sollte die in den 1990er Jahren von Hannes Heer konzipierte, von Jan Philip Reemtsma finanzierte Ausstellung über die Verbrechen der Wehrmacht dienen. Sie müßte in das Museum aufgenommen werden, und in ähnlicher Weise wären dort die Verbrechen der Justiz, des Industrie- und Finanzkapitals, der Wissenschaft, der Medizin, der Medien und so weiter darzustellen – immer mit Hinweisen auf Ideologien und Strukturen, die es den Nazis ermöglichten, Staat und Gesellschaft unter ihre Gewalt zu bringen, aber auch mit Hinweisen auf Menschen, die sich widersetzten.

Ein Gebäude, geeigneter als jedes andere, wird in wenigen Jahren zur Verfügung stehen: der Neubau des Berliner Stadtschlosses – Brutstätte des deutschen Militarismus. Es wird sich keine bessere Verwendung für dieses Bauwerk finden lassen. Bisher ist den Planern wenig anderes eingefallen als der Name Humboldt-Forum. Was dort – wo in DDR-Zeiten der vielbesuchte Palast der Republik stand – künftig zu Ehren des Weltreisenden Alexander von Humboldt präsentiert werden könnte, weiß noch niemand; die Stiftung Preußischer Kulturbesitz hält Kulturschätze und Trophäen aus fernen Ländern bereit. Das Land Berlin, dem ein Teil des Gebäudes für seine Landesbibliothek zugedacht war, hat neulich sein Desinteresse bekundet; es würde gern aus dem Projekt ausscheiden. Ich empfehle, dort das zentrale Museum für die Geschichte und Vorgeschichte der Nazi-Verbrechen einzurichten. Und ich schlage Carl von Ossietzky als Namensgeber vor.

Finsternisse durchdringen und die Nacht besiegen – Carl von Ossietzky in der Geschichte des Friedensgedankens

Wolfgang Beutin

In einem Ausstellungskatalog resümierte Rosalinda von Ossietzky-Palm, Carl von Ossietzkys Tochter, 1981 die Lebensleistung ihres Vaters. Ihrem Satz legte sie zwei Dreierformeln zugrunde:
Er hoffte, er lebte, er kämpfte für den Frieden und bis zuletzt für die Erhaltung der demokratischen Ordnung, für ein menschenwürdiges Leben.[1]
Wann begann Ossietzkys Arbeit für den Frieden? Die Herausgeberinnen und Herausgeber des Katalogs datieren den Anfang auf 1913. In diesem Jahr habe er ein Thema aufgegriffen, mit dem er sich sein ganzes Leben lang leidenschaftlich beschäftigte: der Kampf gegen Militarismus, gegen die beherrschende Rolle des Militärs in Staat und Gesellschaft und gegen militärgläubige Untertanengesinnung. (Ebd., S. 17)
Ossietzkys öffentliche Wirksamkeit für den Frieden fiel in die Spanne von kurz vor dem 1. Weltkrieg bis 1933. Sie umfaßte also zwei Jahrzehnte eines Zeitraums, zu dessen beherrschenden Themen der Militarismus und der Krieg zählten, der Krieg mit den Abstufungen Vorkrieg – Krieg – Nachkrieg. Der Nachkrieg sollte sich in historischer Sicht bereits wieder als Vorkrieg erweisen. Der Friedenskämpfer kündigte sich u. a. in dem Artikel mit der ironischen Überschrift an: »Der heilige Mars« (1913).[2] Er enthält, wie Werner Boldt betont, »nicht nur eine Anklage gegen den Militarismus, sondern mehr noch eine Warnung vor dem Krieg«.[3]
In Deutschland, in Europa war dies nur eine unter vielen – denkt man z. B. an vielfältige Äußerungen aus der Arbeiterbewegung –. Ihnen allen zum Trotz, – der Weltkrieg, später zubenannt ›der erste‹, wurde »inszeniert«, wie gleichlautend der Sozialdemokrat Karl Liebknecht und der Freund Kaiser Wilhelms II. Albert Ballin formulierten, maßgeblich inszeniert von deutschen Militärs und Politikern in der Reichsleitung. Nach dem Kriege forderte Ossietzky, den deutschen Anteil an der Herbeiführung des Kriegs einzugestehen, keine Alleinschuld, aber die große Schuld Deutschlands (B, 108). Das Eingeständnis der Wahrheit wäre in seiner Sicht eine Voraussetzung für eine effektive Friedenspolitik gewesen. Diese mußte nach 1918 vor allem einmal darauf ausgerichtet sein, eine Zweitauflage des Weltkriegs unmöglich zu machen. Ossietzkys Arbeit für den Frieden zielte im Kern genau darauf, zielte darauf, den Pazifismus zu befähigen, sich einem neuen Kriegsabenteuer in den Weg zu legen, überhaupt dem Phänomen Krieg.
Gleichzeitig erstrebten auf der Gegenseite einige Autoren in Deutschland konträre Ziele. Sie bemühten sich, die Bevölkerung für einen nächsten »Griff nach der

---

1 Bärbel Boldt u. a. (hg.), ... aber von dir wird gesprochen. Katalog zur gleichnamigen Ausstellung über Carl von Ossietzky, Oldenburg 1981, S. 7
2 In: Carl von Ossietzky, Sämtliche Schriften. Oldenburger Ausgabe, hg. von Werner Boldt et al., Reinbek 1994, 1,32-36 (im folgenden zit.: S plus Band und Seitenzahl)
3 Werner Boldt, Carl von Ossietzky. Vorkämpfer der Demokratie, Hannover 2013, S. 50 (im folgenden zit.: B)

Weltmacht« moralisch aufzurüsten. Sie teilten die Grundüberzeugung, daß einzig der Krieg den Gipfel aller Kultur bilde und sämtliche Kräfte der Menschengattung einzuspannen seien, um seinen Platz in der Geschichte zu retten. Oswald Spengler dekretierte:»Krieg ist die ewige Form höheren menschlichen Daseins, und Staaten sind um des Krieges willen da.« Ex-General Erich von Ludendorff grundierte seinen Bellizismus rassistisch. Für ihn bildete der Krieg »die höchste Äußerung völkischen Lebenswillens«, dies um so deutlicher, je mehr »die Völker ihr Rassebewußtsein zurückgewinnen«. Der Verwandte beider im Ungeiste, der Schriftsteller Ernst Jünger, propagierte auf Grundlage des Sozialdarwinismus, des Ideologems vom Kampf »ums Dasein«, den Staat für den »Genius des Krieges« einzurichten. Der Krieg sollte künftighin ein fortwährender sein, und anhaltend die »totale Mobilmachung«, die sich »selbst auf das Kind in der Wiege« noch zu erstrecken hätte. Sein Ausgangspunkt dabei war die Behauptung, daß im Wilhelminismus »dem Lande ein ungenügendes Fundament der Kriegsführung zur Verfügung stand«. Dies mußte in dem wiederholten Krieg um die Weltmacht geändert werden, vor allem auch durch Aufhebung des »Unterschieds zwischen Kämpfern und Nichtkämpfern«.[4] Als belletristische Aufreizung zum Krieg kann ein großer Ausschnitt der massenhaft verbreiteten sog. ›Trivialliteratur‹ gelten, die nach 1918 in Deutschland auf dem Markt erschien und weit in die Phase des Faschismus an der Macht hineinreichte.[5]

Ossietzky drückte in der Gedankenwelt seiner Zeit die Gegenposition zu den Dogmen der bellizistischen Propaganda und gleichgerichteten Belletristik aus. Seine Stellungnahmen gegen den Krieg und Aufrufe zum Frieden sind ein gewichtiger Bestandteil der pazifistischen Literatur der Ära, in seinem Œuvre das primäre Element. So stellten die Verfasser des erwähnten Katalogs fest:»Den ersten Schwerpunkt seiner politischen Ideenwelt bildet der Pazifismus.«[6]

Pazifismus war ein sehr verästeltes Gebilde. Wie er bei Ossietzky erscheint, muß er daher näher bestimmt werden. Nicht anders als in der bellizistischen Literatur, gab es in der pazifistischen sowohl Werke theoretischer Art, erörternde Schriften, als auch daneben belletristische Beiträge (Drama, Roman, Lyrik). Schon während des Kriegs, vor allem jedoch in der Nachkriegszeit entstanden einige der wertvollsten deutschsprachigen Friedens*dichtungen*, so in der Epik von Leonhard Frank »Der Mensch ist gut« und von Remarque »Im Westen nichts Neues«, in der Dramatik von Karl Kraus »Die letzten Tage der Menschheit«. Was die Friedens*philosophie* betrifft, lassen sich zwei große Hauptströmungen unterscheiden: der – dann oft als »bürgerlich« bezeichnete – Pazifismus sowie der Antimilitarismus der Arbeiterbewegung, der sich mit dem proletarischen Friedenskampf verband.

(1.) Der Antimilitarismus der Arbeiterbewegung war stark durch den historischen Materialismus determiniert. Marx und Engels schrieben im »Manifest der kommunistischen Partei«, die Frage von Krieg und Frieden hänge vom Ausgang des Klassenkampfs ab. War er entschieden, die Ausbeuterseite geschlagen, mußte auch

---

4   Die Äußerungen der Bellizisten (samt Nachweisen) in: Wolfgang Beutin, Zur Geschichte des Friedensgedankens seit Immanuel Kant, Hamburg 1996, S. 18 u. 24
5   Dazu vgl.: Hans Günther, Faschistische Kriegsliteratur (1934), in: Der Herren eigner Geist. Ausgewählte Schriften, Berlin etc. 1981, S. 534-561
6   Wie Anm. 1, S. 11

das Motiv zu jeglicher Kriegführung entfallen: »Mit dem Gegensatz der Klassen im Innern der Nation fällt die feindliche Stellung der Nationen gegeneinander.«[7] Einen der am tiefsten lotenden Beiträge aus der Arbeiterbewegung zur Problematik von Krieg und Frieden verfaßte Karl Liebknecht: die Schrift »Militarismus und Antimilitarismus« (1907)[8]. Darin untersuchte er die Politik der seinerzeitigen Staatenwelt, die ohne den Militarismus nicht auszukommen wußte, »und sie erreicht doch im Grunde genommen nichts, als eine wahnsinnige Gefährdung des ganzen Bestandes unserer Kultur durch die Heraufbeschwörung weltkriegerischer Verwicklungen.« (Ebd., S. 274) Im Verlauf des Jahres 1914 wurde Karl Liebknecht zum energischsten Vorkämpfer gegen die Vernebelungspraktik der deutschen Reichsleitung, als er beantragte, die sozialdemokratische Fraktion möge am 2. Dezember eine »Erklärung« abgeben, daß es sich um einen »imperialistischen Krieg« handele, »und zwar besonders auch auf deutscher Seite mit dem Ziel von Eroberungen großen Stils«.[9] Ein zweites bedeutsames Dokument aus der Arbeiterbewegung der Kriegszeit ist das »Dekret über den Frieden«, das Lenin in seiner »Rede über den Frieden« am 8. November (26. Oktober) 1917 vorstellte. Darin schlug die neue Arbeiter- und Bauernregierung »allen kriegführenden Völkern und ihren Regierungen vor, sofort Verhandlungen über einen gerechten demokratischen Frieden zu beginnen«.[10]

(2.) Die bürgerliche *Friedens*bewegung zerfiel in eine erhebliche Reihe von Strömungen, eine ganze Gruppe von Vereinen und Gesellschaften. Eine Auffälligkeit darin war die starke Mitwirkung von Frauen. Sie entstammten vielfach der bürgerlichen *Frauen*bewegung, vor allem dessen linkem Flügel (Helene Stöcker, Anita Augspurg, Lida Gustava Heymann). Unter den übrigen bekannten Persönlichkeiten der Friedensbewegung befand sich u. a. Ludwig Quidde, der zweite in der kurzen Liste deutscher Friedensnobelpreisträger, der ihn 1927 bekam, ehe dann Ossietzky ihn als dritter erhielt. Gleich Ossietzky führte Quidde den Kampf gegen den Militarismus. Seine Grundposition ähnelt derjenigen Ossietzkys. Er schrieb: »Jede Stärkung des Militarismus kommt schließlich reaktionären Bestrebungen zugute, und will man einer freieren Auffassung im Staatswesen die Bahn öffnen, so muß man entschlossen den Militarismus angreifen; denn in ihm steckt der Kern und Halt des im Grunde noch immer halbdespotischen Systems.«[11]

Zwischen den Antimilitaristen aus der Arbeiterbewegung und proletarischen Friedenskämpfern hier, den bürgerlichen Pazifisten dort stand in der Weimarzeit eine Reihe von namhaften Publizisten, wozu mehrere langjährige Mitarbeiter der »*Weltbühne*« gehörten. Darunter Kurt Hiller, der zunächst um 1910 den Expressionismus initiierte, um 1914 zum »Aktivismus« vorstieß und 1918 den absolutpazifistischen »Aktivistenbund« gründete. Seine Friedenslehre entwickelte

---

7 MEW 4,479

8 Ausführlicher Titel mit der Hinzusetzung: »unter besonderer Berücksichtigung der internationalen Jugendbewegung«, Leipzig 1907, in: Institut für Marxismus-Leninismus beim ZK der SED (Hg.), Karl Liebknecht. Gesammelte Reden und Schriften, Bd. 1: September 1900 bis Februar 1907, Berlin 1958, S. 247-456

9 Wie Anm. 4, S. 200 f.

10 Ebd., S. 203

11 Zit. in: Dieter Fricke (Hg.), Deutsche Demokraten. Die nichtproletarischen demokratischen Kräfte in Deutschland. 1830 bis 1945, Köln 1981, S. 109

er in einem Jahrzehnt fort, bis 1926, über mehrere Stufen hin: vom Absolutpazifismus (dessen Kennzeichen ist, daß er unter allen Umständen und unter allen Bedingungen konsequent auf den Waffengebrauch verzichtet) über den »Linkspazifismus« (der sich dem Sozialismus verbündete, den Waffengebrauch bedingt zulassend), zum »Revolutionären Pazifismus« (der den Krieg zwischen den Nationen verneint, aber revolutionären Klassenkampf gestattet). Im Unterschied zum Absolutpazifismus definierte Hiller den letztgenannten als »Zielpazifismus«, da ja das »Endziel« des ›ewigen Friedens‹ nicht aufzugeben ist. 1926 gründete Hiller die »Gruppe Revolutionärer Pazifisten«, in der auch Kurt Tucholsky sich betätigte. Darin Ossietzky vergleichbar, reflektierte Tucholsky über die Grundlagen der Friedensarbeit. Davon zeugen u. a. seine Beiträge »Über wirkungsvollen Pazifismus« und »Gesunder Pazifismus«.[12]

Kants philosophischer Entwurf

Möchte man Ossietzkys pazifistische Gedankenwelt umreißen und ihre Eigenart ermitteln, kann dies sehr gut auf der Grundlage eines philosophischen Friedensentwurfs versucht werden. Dessen Verfasser ist Immanuel Kant. Er veröffentlichte seine Schrift »Zum ewigen Frieden« 1795. Ossietzky zitierte diese, erwähnte sie (vgl. S 1,229 sowie S 2,332). Einmal rühmte er sie begeistert: »aber das Lied des Immanuel Kant wird für ewige Zeiten Finsternisse durchdringen und die Nacht besiegen« (S 2,332).

Was er vorschlage, sei kein Hirngespinst, nicht eine blanke Illusion, sondern ein verwirklichbares Programm, erläuterte Kant. Genau das meint sein Begriff »Aufgabe«. Sie stellte er der Menschheit in seiner Schrift von 1795. Es spricht für die Qualität seines Friedensdenkens, für dessen unveraltete Frische, daß seine Argumentation bis heute ihre Aktualität behalten hat. Daher blieb »Zum ewigen Frieden« eine Grundschrift der Weltfriedensbewegung. Während des 1. Weltkriegs war es Karl Kraus, der sie enthusiastisch propagierte. Eine Merkwürdigkeit, die nicht gerade die Lektüre des Texts erleichtert, ist allerdings: Seinem Friedensprogramm gab Kant die (literarische) Form – eines Friedensvertrags! In prägnanten Schritten, von der kleineren Einheit zur größeren aufsteigend, trug er in den sog. »Definitivartikeln« nicht mehr als *drei* Forderungen vor, *nur* drei, deren Erfüllung gleichbedeutend sei mit der Erfüllung der Aufgabe. Sie lauten:
Jeder Einzelstaat soll eine republikanische Verfassung haben. Dies bedeutet nicht im heutigen Sinne: ›keine Monarchie sein‹. Kant, der Preuße, in einer Monarchie aufgewachsen und in einer Monarchie lebend, hält es dem Ideal einer Republik für angemessen, daß das Personal der Staatsgewalt (»die Zahl der Herrscher«) so klein wie möglich bliebe, was sich am günstigsten in einer Monarchie machen ließe, allerdings niemals in einer Demokratie (»weil alles da Herr sein will«). Er verstand also unter Demokratie, die er ablehnte, die altertümliche, unmittelbare Volksherrschaft ohne Gewaltenteilung und ohne Repräsentation. Was konnte denn aber die von ihm konzipierte Republik sein? Die Republik konnte, nein mußte sein: *Rechtsstaat.*

---

12 In: Kurt Tucholsky, Gesammelte Werke, Stuttgart etc. o. J., Bd. 2 (1925-1928), S. 906-912 u. 1089-1092

Die Staatenwelt soll in einem »Friedens- oder Völkerbund« zusammengefaßt werden.
Im Unterschied zum Friedens*vertrag,* der einen einzigen Krieg beendet, würde er
»*alle* Kriege auf immer zu endigen« suchen. Hier wäre Kants Ideal die *Weltrepublik,*
in der sich alle Völker Erde zusammenschließen. Da nun die Nationen diese gemäß ihrem Selbstverständnis erst einmal nicht akzeptieren, tritt nach Kants Lehre
eine andere Lösung ein, lediglich die zweitbeste: »nur das *negative* Surrogat eines
den Krieg abwehrenden, bestehenden, und sich immer ausbreitenden *Bundes«.*
Hieraus ergibt sich eine Stufenfolge von Lösungen des Friedensproblems, von der
wünschenswerten, weil besten, bis zur schlechtesten, absolut verwerflichen. Oder
in aufsteigender Linie: Die absolut verwerfliche wäre die »Universalmonarchie«,
die weltumspannende Diktatur einer einzigen Großmacht; diese (hegemoniale)
Lösung ist ein Despotismus. Minder verwerflich, aber ebenfalls abzulehnen: ist
der Krieg aller gegen alle oder der »Naturzustand«, dessen Überwindung ja eben
der Zweck von Kants Überlegungen ist. Als geeignetes Mittel hierzu, ein realisti-
sches, weil realisierbares, schlägt er den »Völkerbund« vor, das ist: die Beendigung
des »Naturzustands« durch Konstituierung einer Weltordnung, die *rechtliche* Beziehungen zwischen den Staaten vorsieht, indem sie für alle Zukunft Gewaltlösun-
gen verbietet, an deren Stellen ausschließlich friedliche eintreten.
Es wird ein »Weltbürgerrecht« geben als Besuchsrecht. Wie es dem Völkerbund vorbehalten ist, negativ zu wirken, nämlich für allezeit den Krieg aus dem Verkehr der
Staaten zu entfernen, so das Besuchsrecht: es wirkt restriktiv (einschränkend). Der
Fremde darf fremde Kontinente oder fremde Länder fortan zwar noch *besuchen*
– aber sie nicht länger als Eigentum nehmen. Darin ist das Verbot eingeschlossen,
Kolonien zu erwerben. Dieser Artikel schiebt also dem überseeischen Ausgreifen
der Europäer und den damit verbundenen fürchterlichen Verbrechen ohne Zahl,
dem Genocid ohne Ende, der Eroberung der übrigen Weltteile einen Riegel vor.

Die Friedensphilosophie Kants besteht also wesentlich aus drei Maximen:
   1. Alle Staaten sollen *rechtsstaatlich verfaßt* sein.
   2. Sie sollen ihre Beziehungen zueinander *ausschließlich rechtlich regeln.*
   3. Auf fremden Kontinenten gilt künftighin allein ein *Besuchsrecht.*
Kants drei alles entscheidende »Definitivartikel« sind Reformulierungen von
Lehren der Aufklärung.

Zunächst der dritte: In der Verurteilung des überseeischen Ausgreifens der
Europäer, ihrer Raub- und Eroberungszüge seit dem späten Mittelalter,
waren sich die meisten Aufklärer einig, von französischen über deutsche
zu russischen. Die Nachweise, verbunden mit der Anklage der Kolonial-
verbrechen, stammten überwiegend von französischen Autoren (Raynal,
Voltaire u. a.).

Der zweite: Der Hauptvertreter des Gedankens, den ewigen Frieden durch
Gründung eines Staatenbunds zu schaffen, ist in der Frühaufklärung der
französische Autor Saint-Pierre (1658-1743). Über sein Projekt höhnte
Friedrich II. von Preußen (Schreiben an Voltaire): »Die Sache wäre sehr

brauchbar, wenn nur nicht die Zustimmung der Fürsten von Europa und noch einige andere Kleinigkeiten dazu fehlen würden.«

Der erste: Die Fürsten förderten den ewigen Frieden also nicht? Daraus schlossen die Radikalen unter den Aufklärern – Rousseau, Mably u. a. –: Folglich ändern wir kühn die Gesamtverfassung der Staatenwelt und schaffen *im Innern* der Länder die Voraussetzungen, damit die Staaten lediglich noch den Gesetzen gehorchen (und nicht mehr einem Fürsten). So legen wir für die Verwirklichung des ewigen Friedens ein haltbares Fundament. Dies nannten sie: *Demokratie*.

Ossietzkys Pazifismus nach dem Maßstab der Definitivartikel

Definitivartikel 1: *Jeder Einzelstaat soll eine republikanische Verfassung haben.*
In einem seiner bekanntesten, zugleich sehr ausführlichen Artikel: »Rechenschaft«, blickt Ossietzky zum Zeitpunkt des Beginns seiner Gefängnishaft im Mai 1932 auf seine Parteinahme für die Republik, nach Ende der Monarchie, zurück. 1918 besagte »Republik«: ›keine Monarchie, kein Fürstenstaat, sondern ein Staat, worin es um das Wohl aller (res publica) geht‹. Das Ideal der Demokratie! In seinem Text fragt der Verfasser vielleicht mehr noch sich selbst als seine Leserschaft, was es für einen Sinn gehabt haben würde, hätte er den Richtern die Aufklärung zuteil werden lassen, »daß ich in den ersten im Zeichen der monarchistischen Konterrevolution stehenden Nachkriegsjahren mich an den Versuchen beteiligt habe, eine republikanische Bewegung auf die Beine zu stellen? Daß ich seit 1920 in der Redaktion der ›Berliner Volks-Zeitung‹ an der Schaffung der ersten republikanischen Abwehrorganisationen mitgewirkt habe …?« (S 6, 368-392 [*Weltbühne*, 10. 5. 1932]; hier: 381) Auch später spricht er gern von Republik und Republikanern, und als die gemeinte Bedeutung des Begriffs erscheint: die gewaltenteilende Demokratie mit demokratischer Verfassung und sozialer Verpflichtung. Wo Rosalinda Ossietzky-Palm seinen Kampf »für den Frieden und bis zuletzt für die Erhaltung der demokratischen Ordnung« hervorhebt, setzt sie den Akzent auf die untrennbare Verbindung von Pazifismus und demokratischer Ordnung. Tatsächlich war im Denken Ossietzkys die Festigung der demokratischen Ordnung – des demokratischen Rechtsstaats – die unabdingbare Voraussetzung für die verläßliche Sicherung des Friedens.
Demokratischer Rechtsstaat aber bedeutete zugleich: Abwehr aller Anschläge auf die Demokratie (oder Republik) samt Dekuvrierung der Feinde des Rechtsstaats. In der der Weimarzeit waren dies – durch Ossietzky bereits 1921 wahrgenommen – neben anderen die deutschen Faschisten. Von einem Zeitabschnitt zum nächsten rückten sie militanter gegen die Demokratie ins Feld – oder: wurden ins Feld gerückt. Es war *vor* der Einsetzung des Faschismus in die Macht, als dieser (noch) »nicht mitregierte, aber auch nicht domestiziert wurde, sondern das Militär als ›Staatsautorität‹ den Verfassungsstaat der Demokraten demontierte und somit dem Faschismus den Weg bereitete« (B, S. 537). Verfolgte nun der – zunächst immerhin noch demokratisch verfaßte – Staat die pazifistischen Demokraten, wo war der tiefste Grund dafür? Ihn legt Ossietzky in dem Artikel »Rechenschaft«

offen: sie wurden von der Reaktion bekämpft, weil sie »einen deutschen Lieblings-
gedanken nicht teilen: wir glauben nicht an den Primat des Militärischen in der
Politik« (S 6,382). Wo rührt dieser Lieblingsgedanke her? Ossietzky antwortet: Die
Republik habe es versäumt, den »spontanen Antimilitarismus, den unsre Heere
aus dem Kriege mitbrachten«, auszubauen. Statt dessen unterdrückte er ihn nach
Möglichkeit. »Aus alledem aber wuchs als gefährlichste Frucht: die Suprematie der
Militärs in der Politik.« (S 6,383 f.) Boldt kommentiert: »Ossietzky bekämpfte diesen Primat als Pazifist, weil er sich unter ihm keine friedensbewahrende Außenpolitik vorstellen konnte, vor allem aber als Demokrat. weil er von ihm den Verfassungsstaat bedroht sah. Die ›Suprematie der Militärs in der Politik‹ ... war für
den Demokraten das hervorstechende Kennzeichen des Militarismus. Der Kampf
gegen diesen Primat bildete ein Kernstück seiner journalistischen Tätigkeit, bei
dem er sich viele Prozesse einhandelte.« (B, S. 49) Hatte den »Primat des Militärischen in der Politik« in Deutschland nach dem verlorenen Krieg zunächst ein
verbreiteter Antimilitarismus aufgewogen, büßte dieser doch mehr oder minder
rasch an Kraft ein, wodurch auf der anderen Seite der Militarismus sich neuerlich
stärkte, so wie sich auch die Begeisterung für die Demokratie sich in dem Maße
verlor, soweit die mit ihr anfangs verbundenen Hoffnungen sich als illusionär erwiesen. Bereits ein Jahr nach dem Ende des Kriegs, im November 1919, schrieb
Ossietzky: »Neue Zeit? Nein, noch taumelt alles im Labyrinth des Krieges. Damit
ist aber unsere pazifistische Arbeit notwendiger denn jemals. ... Es ist vielmehr
unsere höchste Pflicht, uns mit aller Kraft für die Durchdringung Deutschlands
mit pazifistischem und demokratischem Geist einzusetzen.« Und er sprach davon,
zu betreten sei »der Weg zum Völkerbunde der Zukunft, der nicht aus dem Kalkül
der Staatsmänner erwächst, sondern dem Rechtsempfinden der Völker.« (S 1,145)
Definitivartikel 2: *Die Staatenwelt soll in einem »Friedens- oder Völkerbund« zusammengefaßt werden.*
Die Gründung des ›Völkerbunds‹ nach Ende des 1. Weltkriegs erscheint auf den
ersten Blick als die Verwirklichung dieses Satzes von Kant, somit als Erfüllung
eines der Vermächtnisse der Aufklärung. Doch trug er (mit Boldts Ausdruck) einen »Geburtsfehler« an sich: die ursprünglichen Kriegsgegner der Entente blieben
zunächst ausgeschlossen, d. h. Deutschland, (Rest-) Österreich und die – im Vergleich zum ehemaligen osmanischen Weltreich – auf einen Bruchteil geschrumpf-
te Türkei, zudem der einstmalige Verbündete der Entente, Rußland – dies, weil es
mit einem Mangel behaftet gesehen wurde: einer bolschewistischen Revolution –.
Außerdem fehlten die USA, die es vorzogen, nicht beizutreten. Ossietzky hing an
dem Gedanken des Völkerbunds, aber er hing an ihm nicht in seiner nunmehr
realisierten Gestalt. Boldt argumentiert: »Der Völkerbund war nicht unbegründet
mit dem Odium belastet, ein Instrument der Siegermächte zur Durchführung der
den besiegten Ländern auferlegten Bestimmungen zu sein. Ossietzky vertrat nur
die herrschende, selbst unter den Pazifisten verbreitete Auffassung, wenn er im
Völkerbund ›das Machtinteresse der Siegerstaaten‹ dominieren sah, ihn sogar als
›Interessenvertretung einiger Siegergroßmächte‹ abwertete.« (B, 143; vgl. Ossietzky, S 2,86; 1,509; 1,509). 1920 plädierte Ossietzky dafür, ihn zu einer Organisation
»gleichberechtigter Völker umzugestalten« (S 1,215). Boldt weist darauf hin: »Sei-

nen Vorstellungen entsprachen die ›Richtlinien für einen wahren Völkerbund‹, die Harry Graf Kessler auf dem Braunschweiger Kongress[13] mit großem und nachhaltigem Erfolg vorgestellt hatte …« (B, 145) Kessler legte seine Kritik bereits 1919 dar: »Ein Fehler, der in die Augen springt, ist, daß er von den Staaten ausgeht, die in einer natürlichen Kampfstellung zu einander stehen, statt von den großen wirtschaftlichen und menschlichen Interessen und Verbänden, die von sich aus zur Internationalität streben.«[14] Für Ossietzky, so notiert Boldt, war faszinierend »der Gedanke eines ›demokratischen Bundes der *Völker*‹, wie ihn Kessler propagierte« (B, 146). 1921 kritisierte Ossietzky den vorhandenen Völkerbund, um einen künftigen progressiven Völkerbund zu skizzieren: »Der alte Völkerbund von Versailles nahm den Staat als etwas Gegebenes hin, der neue Völkerbund, den wir ersehnen, gleichsam der *soziale Völkerbund*, hat die demokratisierte Wirtschaft zum Untergrund und stabilisiert endgültig den internationalen Charakter aller geistigen und ökonomischen Strömungen der Gegenwart.« (S 1,509)

Eine Voraussetzung für den Eintritt Deutschlands in den Völkerbund wurde 1925 erfüllt: im Vertrag von Locarno garantierten Deutschland und Frankreich sowie Deutschland und Belgien einander die 1919 geschaffene Westgrenze und übernahmen die Verpflichtung, mögliche Grenzstreitigkeiten fortan einem Schiedsgericht zu unterbreiten. (Die Idee, Zwistigkeiten zwischen Nationen rechtlich durch Schiedsgerichtsverfahren beilegen zu lassen, entstammte ebenfalls dem Denken von Aufklärern.) Weitere Schiedsabkommen trugen zur Entspannung an den östlichen Grenzen bei (Deutschland / Polen, Deutschland / Tschechoslowakei). Als Deutschland 1926 in den Völkerbund eintrat, erhielt es sogleich auch einen ständigen Ratssitz. Dessen Beanspruchung von seiten des Reichs erzeugte allerdings internationale Friktionen. Andere Länder erhoben denselben Anspruch, zwei (Spanien und Brasilien) verließen den Völkerbund, als man ihre Anträge abschlägig beschied. Ossietzky kommentierte Deutschlands Absichten: »… die Herren wollen im Triumph in den Völkerbund. Es muß etwas Prestige dabei sein, jemand muß sich darüber giften, sonst macht der ganze Pazifismus keinen Spaß.« (S 3,355) Boldt stimmt der Einschätzung Ossietzkys zu: »Trägt diese Analyse auch die Zeichen einer tiefen Verärgerung, so traf es doch zu, daß Großmachtgehabe und keine pazifistische Haltung die Umstände bestimmte, unter denen die deutsche Regierung in den Völkerbund eintrat.« (B, 151)

Definitivartikel 3: *Es wird ein »Weltbürgerrecht« geben als Besuchsrecht.*

Es mag einer heutigen Leserschaft Kants nicht unbedingt leicht fallen, im Wortlaut die antikolonialistische Tendenz aufzufinden. Dennoch ging es dem Philosophen um die Abweisung des überseeischen Ausgreifens der Europäer, ging es ihm darum, das Verhältnis der Europäer zu den übrigen Kontinenten und Regionen so umzugestalten, daß – wie die Kriege der Nationen gegeneinander aufhören sollten, um durch rechtliche Vereinbarungen ersetzt zu werden – so auch jenes im Grundsatz rechtlich zu gestalten war, um künftig zu verhindern, daß die Europäer auf fremden Kontinenten und in fremden Regionen ihren Landraub fortsetzten. Im Antiimperialismus des 20. Jahrhunderts darf man, so verstanden, den Erben

---

13 Der Deutschen Friedens=Gesellschaft.
14 Kesslers Konzept: Harry Graf Kessler, Tagebücher. 1918-1937, Frankfurt / M. 1961, S. 128

der kantianischen Bemühungen sehen, die Eroberungspolitik der Europäer zu beendigen.

Wäre nicht der Völkerbund in der Zeit nach dem 1. Weltkrieg verpflichtet gewesen, zugunsten der Freiheitsbewegungen in den Kolonien und den vom Imperialismus bedrohten Ländern der außereuropäischen Welt einzugreifen? Ossietzky interessierte sich zunächst nicht für die außenpolitischen Probleme auf anderen Kontinenten, weil er seinen Blick auf Europa beschränkte (B, 154). Doch allmählich entwickelte sich sein Interesse, und er begann, »sich ernsthaft mit den aufkommenden Emanzipationsbewegungen der Kolonialvölker wie mit der gegenläufigen Politik der imperialistischen Staaten zu beschäftigen, wobei China im Vordergrund stand« (B, 155). Er nahm die Partei der unterdrückten Kolonialvölker (B, 156). In ihrem Kampf sah er »eine Fortsetzung der von der französischen Revolution in Gang gesetzten europäischen Emanzipationsbewegungen. ... Der Sturm auf die Bastille, der Geburtsakt der Demokratie, steht für ihn auch für den Beginn der Emanzipationskämpfe der unterdrückten Völker, nicht nur der unterdrückten Klassen.« (B, 157).

Zum Unglück war vom Völkerbund nicht zu erwarten, daß er den Emanzipationsbewegungen Hilfe leistete, ja, vielleicht nahm er die Vorgänge nicht einmal wahr? Daher klagte Ossietzky an: »In der Welt geht ein unerhörter Umformungsprozeß vor sich: unterdrückte Völker erwachen, ausgebeutete Rassen stehen plötzlich in einem mit modernen Mitteln geführten Emanzipationskampfe. Was hört der Völkerbund vom Brüllen Chinas, was von Afrikas dumpfem Grollen? ... Aufgabe des Völkerbundes in einer Zeit, wo es überall revolutionär rumort, kann aber nur sein, nicht konservierend, sondern weiterführend zu wirken. Nicht Einbalsamierung moderner Präponderanzen, sondern Schutz des Werdenden, Versuche, unvermeidliche Entwicklungen möglichst zu entbarbarisieren, – das müßte sein Programm sein.« (S 3,355)

Kam eine Sympathieerklärung für den Emanzipationskampf damals nicht vom Völkerbund, so kam sie indessen von anderer Seite. In der »Weltbühne« erschien 1927 (zit. B, 158) ein Bericht von Ernst Toller über den in Brüssel abgehaltenen »Kongreß gegen koloniale Unterdrückung und Imperialismus«. Sämtliche deutschen Delegierten – Bürgerliche und Kommunisten, Pazifisten und freie Schriftsteller, Sozialisten und Anarchisten – unterzeichneten eine Resolution, deren Anfang so lautete: »Wir verfolgen den in der ganzen Welt vor sich gehenden Freiheitskampf der unterdrückten kolonialen Völker mit tiefer Bewunderung und in der Hoffnung auf den Endsieg ihres Kampfes für die Sache der ganzen arbeitenden Menschheit.« (Ebd.) Werner Boldt deutete Ossietzkys Stellungnahme zu dieser Brüsseler Resolution: dieser wendete sie »vom Klassenkämpferischen ins Pazifistische: Koloniale Völker interessierten ihn nicht als Mitkombattanten der arbeitenden Menschheit, die um ihre Emanzipation kämpft, sondern als Anwalt der ganzen Menschheit, die auf Frieden angewiesen ist.« (B, 159)

Wie Ossietzky beobachtete, begegnete der zeitgenössische Pazifismus in Deutschland dem in der ganzen Welt angefachten Freiheitskampf der kolonialen Völker phrasenhaft kraftlos, und darin sah er einen Beweis der Schwäche. Er schrieb: »Angesichts der Tatsache, daß in Asien und Afrika die Auflehnung gegen die imperialistischen Mächte gewaltig wächst, bedeutet es auch keine Zugkraft mehr, wenn in den Versammlungen wieder und wieder nachgewiesen wird, daß Frieden besser ist als Krieg. Das glauben die Leute auch so. Aber wenn der kommunistische Redner fragt, ob der geschundene chinesische Kuli nicht ein Recht hat, sich zu wehren, ob etwa Abd el Krim[15] nicht ein Recht hatte, zur Empörung aufzurufen, dann serviert der pazifistische Sprecher Humanität oder verweist auf den Völkerbund oder wird ganz einfach grob.« (S 5,61 f.)

Wirkungsloser Pazifismus und wirkungsvoller

Mitte des Jahres 2014 äußerte der pazifistische Publizist Jürgen Todenhöfer: Man müsse »für den Frieden sehr laut werben. Manchmal auch provokant. Vor den letzten zwei Weltkriegen waren die Friedensanhänger viel zu leise. … Seit ich Kriege und ihr unglaubliches Leid miterlebe, überlege ich, wie man Kriege verhindern kann. Mein Ergebnis ist, daß die einzige, Erfolg versprechende Methode darin besteht, den Menschen zu zeigen, daß es keine anständigen Kriege gibt und nie geben wird. Man muß den Krieg ächten.«[16]

Was er der pazifistischen Bewegung an die Hand zu geben sucht, ist also die *effektive Methode der Bekämpfung* des Phänomens Krieg. Er ist nicht der erste, der sich auf sie Suche begibt. Ossietzkys Mitstreiter Tucholsky plante, dem wirkungs*losen* Pazifismus mit dessen Widerspiel zu begegnen, dem wirkungs*vollen* Pazifismus. Daß der Pazifismus *vor* dem 1. Weltkrieg nicht genügte, weil er nicht die erhoffte Wirkung erzeugte, die Kriegsverhinderung, erwies die Geschichte.

Daß der Pazifismus *nach* dem 1. Weltkrieg, in den Jahren der Nachkriegszeit, nicht ausreichte, erwies die Geschichte ebenfalls, weil nach nur einem Vierteljahrhundert der 2. folgte (1914 + 25 = 1939).

Der »*Weltbühnen*«-Autor Ernst Toller betitelte einen der Vorträge, die er während seiner Reise 1936/37 in den Vereinigten Staaten hielt: »Das Versagen des Pazifismus in Deutschland«[17]. Er zog ein düsteres Fazit: »Die Verantwortlichen, die mit dem Kriege fertig wurden, wurden auch mit dem Frieden fertig. Sie paßten ihn so gründlich ihren Interessen an, daß viele junge Menschen sich angeekelt abwandten und resigniert aller Politik Valet sagten. Das machten sich die Feinde des Friedens zunutze. Die besten deutschen Pazifisten wurden ermordet.« (Toller legt an dieser Stelle eine Liste mit neun Namen vor, darunter Karl Liebknecht; ebd., S. 307) Auf der anderen Seite konstatierte er das Versagen des Völkerbunds (ebd.). Der *Absolut*pazifismus (»ein religiöses Lebensgefühl«) konnte den Weltfrieden nicht realisieren, weil er sich der »Frage der sozialen Struktur der Gesellschaft« nicht stellte; und dem *Revolutionären* Pazifismus gelang es nicht, in die Breite zu wirken (ebd., S. 306).

---

15 Freiheitskämpfer (1882-1963), leitete 1921 ff. den Rifkabylenaufstand in Spanisch-Marokko.
16 Abgedruckt in: junge Welt, 20. Juni 2014, S. 8
17 In: John M. Spalek / Wolfgang Frühwald, Ernst Tollers amerikanische Vortragsreise 1936/37. Mit bisher unveröffentlichten Texten und einem Anhang, in: Literaturwissenschaftliches Jb, NF, 6. Bd. (1965), S. 267-311. In ihrer Untersuchung nahmen die Forscher auch einige Toller-Texte im Originalwortlaut auf, darunter den hier erwähnten (S. 305-311).

Tucholskys Untersuchung »Über wirkungsvollen Pazifismus« stammt aus dem Jahre 1927.[18] Darin argumentierte der Verfasser: Die Friedensgesellschaften der verschiedenen Länder versuchten aufzuzeigen, »wo die wahre Anarchie sitzt«, welche die Kriege erzwingt: im Staat, mehr noch, »was wahre Kriegsursache ist«: »die Wirtschaft und der dumpfe Geisteszustand unaufgeklärter und aufgehetzter Massen« (ebd., S. 908). Notwendig sei es daher, die Bevölkerungen aufzuklären: »wie ein Staat wirklich aussieht; wie die Struktur der Gesellschaft ist; wie die wahren Grenzen in Europa und anderswo laufen« (ebd., S. 912); – was heißt »wahre Grenzen«? Die Erkenntnis muß da sein, daß nicht »drüben der Feind steht – er steht hüben« (ebd., S. 911), d. h. die Einsicht soll verbreitet werden, er steht im eigenen Land. Gegen diesen Feind streiten »zu wenig Kämpfer des Friedens – wir sind es auch viel zu abstrakt, viel zu hoheitsvoll, viel zu theoretisch. Die kleinste Zelle ist zu bearbeiten, also die Familie, die Frau und die Gemeinde. ... Wir dringen lange nicht genug dahin, wo allein unsre Wirkungsmöglichkeit sitzt: in den Bauernhof, in die Werkstatt, in die Schulklasse, in das Büro und in die Familie. Und warum nicht –? Weil wir nicht die Sprache der Leute reden. Um propagandistisch verstanden zu werden, muß man vereinfachen und verdicken, untermalen und übertreiben – man muß klar und simpel sein und allen verständlich. Hier und nur hier steckt die Mobilisierung des Friedens.« (Ebd., S. 910 f.) Als im Folgejahr im Reichstag bei den Beratungen über den Panzerkreuzerbau das Wort vom »gesunden Pazifismus« fiel (1928), setzte Tucholsky mit einer Glosse nach, wobei er das Wort als Titel wählte: »Gesunder Pazifismus«.[19] In dem Text widersprach er einer Unterscheidung des Pazifismus als gesund oder ungesund, denn: »Jeder Pazifismus, der den Krieg für Petroleum, für Industrien, für Schutzzölle nicht rundweg ablehnt, ist weder gesund noch ungesund, sondern überhaupt keiner. ... Wir haben alles gegen das Militär, denn wir wissen, was es vorbereitet, was es ankündigt, was es bedeutet. ... Das System ist bis aufs Messer zu bekämpfen.« (Ebd., S. 1090) Eine ähnliche Sorge wie diejenige Tucholskys wegen der Schwäche des Pazifismus in Deutschland bewegte Ossietzky schon im Oktober 1924. Damals tagte in Berlin der Weltkongreß der Friedensgesellschaften. Ihm galt sein Artikel »Die Pazifisten« (S 2,371-375). Er beabsichtigte, hierin »als Pazifist zu Pazifisten« zu sprechen und »beizutragen zur endgültigen Freimachung der Kräfte, die diese wirklich erhabene Sache zu ihrem Siege braucht« (S 2,375). Eine Übereinstimmung mit den späteren Ausführungen Tucholskys ist in der Anweisung zu finden, die das Zentrum von Ossietzkys Überlegungen bildet: »Der Weg zum Volk muß gefunden werden, damit das deutsche Volk endlich wieder den Weg zu den Völkern findet.« Damit dies gelinge, fordert er: »Und da gerade liegt das Entscheidende: der Pazifismus muß politisch werden, und nur politisch.« (Ebd.)
Freilich unterläßt er die Erläuterung, was denn unter »politisch« zu verstehen sei. Quasi ersatzweise füllt er seinen Artikel mit aggressiver Kritik an. Der Zweck ist, zu demonstrieren, was ihm am deutschen Pazifismus unpolitisch dünkt. Dabei biegt er unverkennbar durchaus ins überbordend Polemische ein, so daß der Artikel streckenweise den Charakter einer Strafpredigt annimmt.

---

18 Wie Anm. 12,907-912
19 Wie Anm. 12, 1089-1092

Erstens: Er verallgemeinert. So heißt es bei ihm: »Der deutsche Pazifismus war immer illusionär, verschwärmt, gesinnungsbesessen, argwöhnisch gegenüber den Mitteln der Politik, argwöhnisch gegen die Führer, die sich dieser Mittel bedienten. Er war Weltanschauung, Religion, Dogmatik, ohne daß sich etwas davon in Energie umgesetzt hätte.« (S 2,373 f.)

Zweitens meint er bei Betrachtung des Umgangs der Pazifisten miteinander den alljährlichen »Pazifistenkongreß« in Deutschland als chaotisches Aufeinanderprallen der Instinkte wahrzunehmen, »ein ungeheures Blutbad«, wobei ein Teilnehmer furios »den tintentriefenden Tomahawk« schwinge. Hiermit zielt er bewußt auf Kurt Hiller, den er auch namentlich nennt. Er glaubt darüber witzeln zu sollen, wie man sich dessen Tun nach Beendigung des Kongresses vorzustellen habe, nämlich: »Der Philosoph der Langweiligkeit versinkt im gewohnten Tran.« (S 2, 373) Darin steckt eine bösartige Anspielung auf Hillers Hauptwerk, das dieser 1913 in zwei Bänden veröffentlicht hatte: »Die Weisheit der Langenweile«.

Drittens: Einen ausführlichen Abschnitt seiner Polemik richtet Ossietzky gegen die Gründerin der österreichischen und deutschen Friedengesellschaft (1891/92), Bertha von Suttner und ihren Roman: »Die Waffen nieder«. Diese Passagen des Artikels charakterisiert Werner Boldt als verzerrend, ja gehässig, und in jeder Nuance unzutreffend (B, S. 120 f.) Die Kernaussage bildet der Satz: »Wie so viele Frauen, die aus reiner Weiberseele für die Verwirklichung eines Gedankens kämpfen, der männliche Spannkraft und ungetrübten Tatsachenblick erfordert, glitt sie ins Chimärische ...« (S 2,374) Ossietzkys Behauptung ist allein schon methodologisch verfehlt, weil nicht bestimmte Tugenden ausschließlich für das männliche Geschlecht zu beanspruchen sind und die konträren Untugenden dem weiblichen nachzusagen (ein »essentialistischer« Denkstil).

Forscht man nach Ossietzkys Motiv für seine Abkanzelung Bertha von Suttners, ist es wahrscheinlich sein Impetus, dem Pazifismus eine sozusagen ›maskuline‹ Energie zuzusprechen. Die Friedensbewegung, so vermerkt er in seinem Text anfangs, habe bis zum gegenwärtigen Zeitpunkt als ausgesprochen feminin gegolten: »An das Friedensproblem zu rühren galt seit Sedan als schlapp, weibisch und antinational.« (S 2,371) Und gleichsinnig wiederholt er an späterer Stelle: »Der Pazifismus trug für die Menge stets das Cachet [›Gepräge‹] des Exklusiven, ärger noch, des Unmännlichen.« (S 2,374) Aber befürwortete Ossietzky nicht gerade, daß der Pazifismus ins Volk, in die Menge getragen werde? Wer bildete denn »die Menge«? Zählten nicht auch energisch-kämpferische Frauen dazu, deren Bemühungen für den Frieden mit Prädikaten wie »unmännlich« kaum zu charakterisieren waren? Um das ganze Volk für den Pazifismus zu gewinnen, hätten die Angehörigen beider Geschlechter überzeugt werden müssen, daß der Pazifismus ihrer beider Sache sei, eine Angelegenheit des Heroismus der Frauen wie der Männer.

Gegen Ossietzkys Reflexionen in dem Artikel »Die Pazifisten« (1924) läßt sich eine Tagebuch-Eintragung des Grafen Kessler stellen, die kaum als Entgegnung darauf entstanden sein wird, jedoch der Sache nach als solche betrachtet werden darf. Kessler sprach damals in England, immerhin als Mitglied des Präsidiums der Deutschen Friedensgesellschaft (in dieser Funktion betätigte er sich darin 1919-1929). Seine Notiz stammt vom 2. März 1925. Es heißt darin:

Alles in allem, nachdem ich jetzt in mehreren großen Städten gesprochen habe, ist mein stärkster Eindruck der der Gleichgültigkeit der großen Masse des Publikums hier gegen die Frage des Völkerbunds, des ›Protokolls‹, der Sicherheit usw. Die Veranstalter versuchten die Gleichgültigkeit vor mir zu verschleiern, aber sie besteht und ist mindestens ebenso groß wie in Deutschland. Die große Masse interessiert sich in England ebensowenig wie in Deutschland oder in Frankreich für den Frieden; man ist und bleibt ein Prediger in der Wüste trotz einzelner rührend eifriger Vorkämpfer ... Die meisten besitzen zu wenig Phantasie und zu wenig Ernst, um sich für die Sache zu interessieren. Wenn unter diesen Umständen aus der Sache etwas wird, wird sie das Werk einzelner sein, einzelner Märtyrer, Vorkämpfer, Diplomaten, Staatsmänner, nicht des Volkes der verschiedenen europäischen Länder. Andernfalls wird die Hammelherde genauso ahnungslos und wehrlos zur Schlachtbank im künftigen Kriege eilen wie 1914. In dieser grundlegenden Frage ist das ›Volk‹ überall willenlos. Von diesem Gesichtspunkte aus betrachtet, bekommen auch die kleinen und sonst so elend und geistig arm erscheinenden pazifistischen Vereinigungen (Liga für Menschrechte, Friedensgesellschaften, Quäker usw.) ein andres Aussehen und eine andre Bedeutung, und auch die einzelnen Vorkämpfer des Pazifismus[20] ... Ohne sie wäre überhaupt nichts da, und bei der allgemeinen Gleichgültigkeit ist der Widerstand auch relativ schwach, so daß geringe Kräfte mehr erreichen können, als man zu erwarten eigentlich berechtigt wäre.[21]

Ossietzkys Größe und Nachwirkung

Anläßlich des Todes seines Kollegen brachte Kurt Hiller seine »Erinnerungen an Carl v. Ossietzky« 1938 im Prager Exil zu Papier.[22] Ein Nekrolog, worin er sinnierte: »Groß – warum dürfen wir und müssen wir sagen, daß der Schriftsteller Carl von Ossietzky groß war? Darum: weil er keine Zeile geschrieben hat, die nicht der seit Anbeginn der Geschichte primordialen Mission – der Entbarbarisierung der Gesellschaft – galt, und weil er dabei nicht missionarhaft schrieb, sondern herzhaft, fechterhaft, künstlerhaft.« (Ebd., S. 338) Das Prädikat ›großer Schriftsteller‹ müsse dennoch nicht gleichbedeutend sein mit »großer Denker«. Insofern vergleicht er Ossietzky mit Ludwig Börne. Weil er beabsichtige, ihn »durch Wahrheit zu ehren«, spreche er ihm »denkerische Konstruktivität« ab (ebd., S. 339). Seine Schriftstellerei sei an »keinem positiven Denkbild einer Sozialwelt; an keiner konstruktiven Idee« orientiert (ebd., S. 243).

Dagegen ist einzuwenden: Ossietzky selber bezweckte keinesfalls ein »Denkbild«, beanspruchte nicht »denkerische Konstruktivität«. Zwischen Denken ohne Übergang zur Aktivität auf der einen Seite, besinnungslosem Handeln ohne Theorie auf der anderen, zwischen konstruktiver Philosophie und leerer Schwärmerei für den Frieden existiert eine Dimension, die an dieser Stelle aus Hillers Kategoriensystem

---

20 Kessler nennt hier u. a. Quidde und Gerlach und vier Frauen.
21 Wie Anm. 15, S. 419
22 In: Köpfe und Tröpfe. Profile aus einem Vierteljahrhundert, Hamburg etc. 1950, S. 338-352

herausfällt: die Gesellschaftliche Psychologie (so nach Plechanow) oder »Mentalität« (so nach Peter Dinzelbacher). Hiller scheint jedoch an späterer Stelle auf diese abzuheben oder den Ausdruck zu umkreisen. Er schreibt: »Nun war Ossietzky's Kritik durchaus nicht nur negativ und zersetzend; sie war an einem positiven Kulturgefühl, einem Ethos orientiert.« (Ebd., S. 343) Das läßt sich mit Ossietzkys eigenen Worten belegen. 1921 manifestierte er seinen Begriff von Pazifismus: »Was ist der Pazifismus heute? Eine Addition von Gruppen und Vereinen. Was muß er werden? Der Wille von Millionen, sich nicht zum Schlachtvieh degradieren zu lassen. Keine Landesfahne, keine Parteifarbe darf dagegen hemmend ausgespielt werden. Der Pazifismus ist kein politisches Schlagwort und keine graue Theorie: er ist das selbstverständlichste Interesse eines jeden, der nicht auf dem Schlachtfelde verröcheln will, der nicht als Krüppel und siecher Mann zeitlebens aus seinem gewohnten Lebenskreise gestoßen sein möchte.« (S 1,508 f.)

Mehrere Jahre lang, bis 1924, hatte Ossietzky sich in Vereinigungen des ›organisierten‹ Pazifismus betätigt. Boldt hob hervor: »Aber Pazifismus war für ihn nicht nur eine Sache der Aktion, sondern mehr noch der Gesinnung, der Einstellung, und die bewahrte er sich sein Leben lang, auch in der Zeit schlimmster Verfolgung.« (B, 119) »Einstellung« ist ein anderes Wort für »Mentalität«, und so läßt sich sagen, daß er, wie er seine eigene Mentalität in seiner ganzen Lebenszeit bewahrte, im organisierten Pazifismus wie in seinem publizistischen Werk, und auch, nachdem er sich vom organisierten Pazifismus verabschiedet hatte, auf den entscheidenden *Mentalitätswandel* hinarbeitete. Mentalitätswandel vollzieht sich vorzugsweise in größeren Gruppen, in Anteilen einer Bevölkerung oder in ihr als ganzer. Mindestens sollte er in Deutschland, wie Ossietzky es sich vorstellte, *Millionen* ergreifen, sollte er als Idee die Massen ergreifen – und in dieser seiner Anstrengung liegt, womöglich sogar in erster Linie, Ossietzkys Größe als Autor. Um noch einmal Werner Boldt zu zitieren: »Für Ossietzky stellte sich also der Republik vor allem die pädagogische Aufgabe, zu einem Bürgersinn zu erziehen, der nicht nur dazu befähigte, die Klassengegensätze abzuschaffen, sondern auch zuvor den Militarismus auszurotten.« (B, 204) Die der Republik gestellte pädagogische Aufgabe – es war allemal zugleich seine eigene.

So dürfen wir Ingo Müllers Wort über Ossietzky als politische Persönlichkeit der Linken gleichermaßen für den Friedenskämpfer Ossietzky in Anspruch nehmen. Müller bekräftigte: »So groß die Bedeutung Ossietzkys als kritischer Chronist der Weimarer Republik war, seine Nachwirkung als Symbol- und Integrationsfigur der politischen Linken erklärt sich eher aus seiner unbeugsamen Haltung trotz Folter, Krankheit und Siechtum. Der geschundene Häftling Nr. 562, der selbst im Zustand physischer Vernichtung der ›schlichte Märtyrer‹ (Einstein) blieb, machte ihn nicht nur in den Augen des antifaschistischen Widerstandes zum Sieger über seine Peiniger.«[23]

---

23 Zit. in: Helmut Donat / Karl Holl, Die Friedensbewegung. Organisierter Pazifismus in Deutschland, Österreich und in der Schweiz, Düsseldorf 1983, S. 296

Lyrik

Günter Ernst

WENN FREIHEIT UND NOTWENDIGKEIT
sich verbinden
leuchten die Sterne
mit den Augen
deiner Vergangenheit

Alles ist wortlos
wird durch das Schweigen
erkennbar

WÄHREND DER MOND
seine Sichel zeigt
gebiert die Angst
vor dem Fremden
eine Sprache
der scheinbaren Toleranz
deren Nachhall
mit biologischen Begriffen
gewürzt wird

Ob der Mond
zu- oder abnimmt
interessiert
die Hypochonder
eines Deutschtums
nicht

Man versucht
Gene zu mobilisieren
die dann
das Bild
mit kalter Schönheit
verklären sollen

LEVKOJEN WIEGEN IHRE BLÜTEN
vorstädtisch
randständig
in den Gärten
mit Gelassenheit und Armut

während junge Mütter
mit mittelständigem Chic
ihre Kinderwagen schieben
und Hunde
neben ihnen
geduldig ihres Weges tapsen

ICH WEISS
ich werde nie wieder
an deine Tür klopfen
da du
in den Weiten der Zeit
verlorengegangen bist

Wir wussten
die Zeit ist ein Meer
aus Stunden
Tagen und Monaten
seine Wellen
spülen die Jahre
an die Küsten
wo dann
neue Generationen
ihre Spuren hinterlassen

Ich weiß
ich werde immer wieder
mit meinen Gedanken
deine Seele streifen
besonders
in sternenklaren Nächten
die uns
an den Beginn der Zeit
erinnern

IMMER AUF DER SCHWELLE GESTANDEN
den letzten Schritt nicht gewagt
Hinter mir ein dunkler Flur
und vor mir der erleuchtete Raum
in dem immer die sieben Stühle stehen
leer und ordentlich nebeneinander

Immer gewartet auf eine Prozession
doch kein Mensch erschien
und die Vorhänge hingen schwer und rot
während dazwischen Sonnenlicht hineinströmt
Ich zählte immer drei und vier zusammen
doch kein Luftzug war spürbar

Immer der Imagination eine Chance geboten
doch man hörte keine Schritte
Auf dem kleinen Tisch am Rande des Blickfeldes
standen die zwei Porzellantassen
über denen der Dampf von heißen Tee hing
Ich stand fasziniert und erstarrt auf der Schwelle

DEIN ZERFASERTES HERZ
zwischen all den Wolken
die stürmisch den Himmel durchtreiben
aufgeplustert und weiß

Die Bäume verneigen sich
und vom Horizont zieht schwarz
ein Unwetter herauf
lässt mich auf die Knie stürzen

Deine Stimme klar und kalt
während Hagelkörner jetzt an das Fenster schlagen
um Einlass bitten
und ein Donner grollt über das Land

Dann ist das Zimmer leer
und Sonnenlicht bricht flutend
durch die aufgerissene Wolkendecke
Ich bin für nicht zählbare Momente geblendet

ÜBER ZEITBRÜCHE HINWEG

die Bewegung retten
individuell und kollektiv
zugleich
und damit
zu den werden
der in der Ecke
des Cafés sitzt
seine Tasse
die jetzt leer
vor ihm steht
betrachtend

WAS IST SELIGKEIT?

Lesend
abseits der Menschen
unter einem Baum sitzend
den Gedanken
die Möglichkeit eröffnen
die Zeit
zu durchwandern

und der Wind
streift die Haut
ein Hauch
der erinnert
an den Widerspruch
von Wirklichkeit
und Realität

ALL DIE MELODIEN NEU GEORDNET
und wir im Auto fahren durch eine mondlose Nacht
überall erahnen wir kahles Geäst
und unser Schweigen bewegt uns vorwärts

Im Scheinwerferlicht der glänzende Asphalt
und wir verspüren einen Wind
der vom sonnigen Oktober
zum tröpfelnden November hinführt

Wir versuchen unsere Gedanken
mit Bewegung des Autos zu verbinden
in dem wir über ein erhofftes Zuhause reden

All die Verse wurden von uns umgestellt
Wir glaubten einen neuen Rhythmus zu erliegen
überall waren nicht sichtbare Wolkenfelder
und wir übten erst neue Sätze auszusprechen

WIEDER AM FENSTER
dort stehe ich
schaue hinaus
in den trüben Februartag
fange an auf das Grün zu warten
frage mich
ob das die Zukunft ist
oder doch nur
die Zukunft
vor der Zukunft

das Fensterglas vor meinen Augen
bekommt Risse
die Gedanken
beginnen zu zerfasern
und der Himmel
kündigt Regen an

DORT WO DER OBJEKTIVE ZUFALL
sein Gesicht zeigt
eine Elster ihren schnarrenden Ruf
in den erwachenden Tag schreit
stehe ich
überrascht
gedankenlos
und erspüre meine Sehnsucht
hin zu einem unbekannten Ort
der nicht sichtbar ist

WOHIN SOLL ICH GEHEN
jetzt
wo das neue Jahrtausend
mich mit all
seinen Menschen
anschaut
als wüssten sie nicht
was es heißt
vom Westwind geprägt worden zu sein

WIR FOLGTEN DEM FLUSS
der uns durchflutete
vertrauten dem
was gesagt wurde
und bekamen dafür
eine Nummer
um uns in eine endlose Schlange
einzureihen
die bis in vergangene Jahrhunderte
reichte

IM KLEIDERSCHRANK
unvermutet
meine Verzweiflung entdeckt
zwischen den gefalteten Pullovern
die mich wärmen sollen
in den kalten Jahreszeiten
Tag für Tag

wie soll ich Trost finden
beim Anblick
das mir jetzt
unbekannt erscheinende

DIE HERKUNFT ERKENNEN
die zwischen den Tränen
sichtbar wird

und all die Stämme des Waldes
wachsen unbeirrt
schweigend weiter

Der Abschied sichtbar
wie er sich in den eigenen Körper
eingräbt und Spuren hinterlässt

DU BIST IN DER ZEIT
obwohl die Bewegung
die dich umgibt
verändert und fremd
sich dir offenbart

Die Gegenwart verkommen
zu einer zerbrochenen Zukunft

Du bist in der Zeit
zwischen all den neuen Menschen
die dich betrachten
wie einen schimmernden
und doch lebendigen Anachronismus

NIE BIBELFEST GEWESEN
immer Zerwürfnissen ausgesetzt
trotzig aufrecht gegangen

Pflug und Feder
nicht als Wertung begriffen
manchmal auch
Zeilenbruch provokant
gegen mich selbst gerichtet

Wohin sich Lyrik bewegt
bleibt offen
wie ein Fenster
in schwüler Sommernacht

DORT
wo Zukunft
und Vergangenheit
sich die Hand reichen
ist mein Zuhause

Auf dem Fensterglas
der Staub
gewebt aus vielen Ringen
den der Regen
geformt und mitgebracht hat
aus fernen Ländern

An manchen Tagen
schaffe ich es
die Geschichten zu lesen
von denen
dort berichtet wird

DIE SONNE SCHEINT
in den Garten meiner Jugend
und ich vermisse
auf der Straße davor
die Spatzen
die mit ihren Flügeln
in den Sandkuhlen
Staub aufwirbeln

Anhang:
Kurt Hiller (1885-1972)
Sein Weg zum Revolutionären Pazifismus[1]

Wolfgang Beutin

Im Weltkrieg

Wo Kurt Hiller in seiner Autobiographie (1969) über den *Beginn* des 1. Weltkriegs spricht, setzt er dafür das Wort »Ausbruch«. Doch in Anführungszeichen. Was besagen sie? Daß es in seiner Sicht kein »Ausbruch« war, weil ein geplanter Verlauf. Er gesteht, ihm habe der Krieg »den gewaltigsten Ruck« gegeben: »Daß solch massenmordender Wahnsinn im Europa des zwanzigsten Jahrhunderts noch möglich sei – kein Denkender mochte glauben; es war aber wirklich.« (L 98)

1914 neunundzwanzigjährig, durchschaute er nicht, was vorging. Selbstkritisch begründet er dies in seiner Lebensbeschreibung – eher am Rande –: »… weil ich, allzu harmlos, damals noch den Unschuldsversicherungen Kaiser Wilhelms, seiner Minister und seiner Pressekulis traute« (L 231). Ein Jahrfünft später, im Frühjahr 1919 war es für ihn keine Frage, »ob infamer Ehrgeiz deutscher Machthaber ihn vielleicht angezettelt und den verruchten Plan mit feiger Lüge verhüllt hat« (G 112). Auch jetzt noch stellte er nicht den Zusammenhang zwischen 1914 und der »Weltpolitik« her, wie sie 1897 von Deutschland amtlich ausgerufen worden war. Sie bezweckte, dem Reich (so die zeitgemäße Redewendung) ›den Platz an der Sonne‹ zu verschaffen. Entsprechend das deutsche Kriegszielprogramm. Seine Verfasser peilten Eroberungen im größten Stil an: im Westen das ganze Belgien, dazu Luxemburg und die rohstoffreichen Teile Frankreichs, im Osten den russischen Anteil Polens, dazu Kleinrußland (eingeschlossen die Ukraine), die Beherrschung des Vorderen Orients und aus dieser Position die Sicherung von Einflußbereichen in Afrika (»Mittelafrika«) und Asien (Indien). Das Faktum der ›Anzettelung‹ des Weltenbrands samt den Kriegszielen des Reichs geriet 1914 nicht in Hillers Gesichtskreis, war kein Thema für ihn. Was hinderte ihn? Sein Patriotismus?

---

1   (Vortrag am 17. Juni 2014 / Rathaus Berlin-Schöneberg) –

Zitierte Schriften von Kurt Hiller:

G   Geist werde Herr. Kundgebungen eines Aktivisten vor, in und nach dem Kriege, 3Berlin1920 (Tribüne der Kunst und der Zeit, Bd. XVI/XVII)

R   Ratioaktiv. Reden 1914-1964. Ein Buch der Rechenschaft, Wiesbaden 1966

L   Leben gegen die Zeit. Logos, Reinbek bei Hamburg 1969

E   Leben gegen die Zeit. Eros, hg. von Horst H. W. Müller, Reinbek bei Hamburg 1973

Forschungsliteratur:

Frab   Daniela Weiland, Geschichte der Frauenemanzipation in Deutschland und Österreich. Biographien, Programme, Organisationen, Düsseldorf 1983

Frib   Helmut Donat / Karl Holl, Die Friedensbewegung. Organisierter Pazifismus in Deutschland, Österreich und in der Schweiz, Düsseldorf 1983

Rat   Harald Lützenkirchen, Kurt Hiller und der Politische Rat geistiger Arbeiter in der Novemberrevolution 1918, in: Helle Panke (Hgn.), Die Novemberrevolution im Spiegel von Literatur und Publizistik. Pankower Vorträge, H. 125, Berlin 2008, 44-50

Schr   Schriften der Kurt Hiller Gesellschaft, Bde. 1-4, Fürth 2001-2010 (Bd. 5 in Vorbereitung)

Über diesen notierte Harald Lützenkirchen: »Hiller hat seinen Patriotismus, seine Liebe zu Deutschland immer betont und empfand es als seelische Verkrüppeltheit, ein Nationalgefühl zu negieren oder zu unterdrücken.« (Schr 1,49) So bekannte Hiller noch im Alter, »daß ein entscheidender Grund unsres Pazifismus die Vaterlandsliebe war.« (L 164). Sie schloß die Neigung zum Preußentum ein. Übertriebene Kritik an Preußen wies er ungehalten zurück, mit einem riskanten Vergleich seinerseits: »Preußenfresserei ist kaum viel besser als Judenfresserei.« (L 149) Sein Patriotismus entbehrte zudem der lokalen Färbung nicht: »Berlin ist *meine* Stadt. … Es war hart, Deutschland verlassen zu müssen; es war härter, Berlin verlassen zu müssen.« (1951)[2] Seine Neigung zu der Dreiheit – Patriotismus, Borussismus und Berolinismus – bekannte er stets, ohne sie je in Abrede zu stellen.

Hingegen seine Haltung zur Politik des Kaisers und Reichs bei Kriegsbeginn verwarf er später. Hielt er sich für kompromittiert wegen seines anfänglichen Vertrauens? In einer Rede am 2. Dezember 1918 verneint er dies – er liefert eine Rechtfertigung seiner selbst –: »Wer ist kompromittiert? Nicht diejenigen sind es, die man 1914 belogen hat und die auf dem Boden der Lüge, von der sie nichts ahnten, vertrauensvoll Haltungen einnahmen und Handlungen begingen, deren objektive Schädlichkeit heute feststeht. Kompromittiert sind andere«, zwei Gruppen: »alle, die, über die Theorie vom aufgezwungenen Abwehrkampf hinaus, den Krieg als solchen, den Krieg aus Grundsatz mit metaphysischer Afterlogik verherrlicht haben« – z. B. der ›Philosoph‹ Max Scheler[3] –, sowie »jene, die sich zu Helfershelfern der Lüge machten; die, als sie endlich erkannten, daß sie belogen seien, nicht stoppten und Zeugnis ablegten, sondern mitlogen und weiterlogen« – z. B. die Sozialdemokraten Scheidemann und Noske, wobei der letztgenannte sich inzwischen als »Unhold« betätigt habe (G 88 f.).

Im zweiten Kriegsmonat, am 26. September 1914, fiel an der Westfront bei einem Sturmangriff der Leutnant Ernst Wilhelm Lotz (geb. 1890), expressionistischer Dichter von Rang, einer von Hillers engsten Freunden, Es läßt sich kaum eine Passage sonst zitieren, worin Hiller so offen etwas von seinem Inneren preisgibt wie in der folgenden: »Er stand außer mit seinen Angehörigen mit mir in ständiger Feldpostverbindung; als seine Briefe plötzlich ausblieben, durchschüttelte mich ein Entsetzen, weil ich ahnte; zugleich erfüllte mich der wilde Wunsch, er sei nur verwundet worden oder erkrankt, nicht tot. Ich tat, was ich nie im Leben sonst getan habe, weder zuvor noch danach: ich betete. Ich betete zu Gott, mit dem Zusatz: ›falls es dich geben sollte‹, ich betete inbrünstig jede Nacht vor dem Schlafengehen, Gott möge bewirken, daß Ernst Wilhelm am Leben bleibe.« (E 68) Im darauf folgenden Winter, am 12. Februar 1915 fand im Berliner Architektenhaus in der Wilhelmstraße eine Gedenkfeier für fünf im Felde gefallene Künstler statt, darunter für Lotz (außerdem: für Walther Heymann, Hans Leybold, Ernst Stadler und den Franzosen Charles Péguy). Die Gedenkrede auf Lotz hielt Hiller. Er verschwieg eine Vermutung nicht. Sei letzthin bei seinem Freund eine Einstellungsänderung auf dem Wege gewesen? Zunächst hatte dieser aus dem

---

2 Faksimile eines unveröff. Schreibmaschinentexts, in: Schr 4,150.
3 Dessen »unsäglich elendes Buch«: Der Genius des Krieges und der deutsche Krieg, Leipzig 1915, welches Hiller noch in einer Anmerkung 1966 als »Konkokt« und »Schandwerk« verurteilte (R 18).

Felde in einem Brief vom Anfang August gerühmt, wie bedeutend ihm »in diesen Tagen« das Wort »Vaterland« geworden sei. Er jubelte: »O mein Vaterland, das ich klirrend besingen werde!« Hiller beobachtete aber: »Mitte August fangen seine Feldpostbriefe an, Sätze zu enthalten, die von einer gewissen inneren Abwendung zeugen.« (R 17) In diesen Zeiten markierte eine Abwendung der Art leicht den beginnenden Übergang zum Pazifismus.

Wie steht es mit Zeichen für einen solchen in Hillers Schreiben im Kriege? – Es gibt eine Datierung in der Autobiographie: »Begonnen hatte unsere publizistische Opposition schon 1914 oder 15.« (L 110) Sie scheint seiner eigenen Angabe über ursprüngliches Vertrauen in die Reichsleitung zu widersprechen. Als Beleg erwähnt er die Gründung einer bald schon verbotenen Zeitschrift: »Der Aufbruch« (ebd.), wobei er über Mitarbeit – ja oder nein? – schweigt. Doch existiert ein Text von *vor* dem Kriegsbeginn, ein Dokument publizistischer Opposition von ihm: die Glosse »Kriterium der Kultur« (G 31-33), im Juni 1914 in der Münchener Zeitschrift »Forum« erschienen. Das kurze Prosastück ist ein harscher Angriff auf Erich von Falkenhayn (1861-1922), den preußischen Kriegsminister 1913/15, 1914/16 Generalstabschef des Feldheeres. Es geht um dessen Ausspruch vom 6. Mai des Jahres: »Wenn es wahr wäre, daß unser Kulturfortschritt es dahin gebracht hätte, daß wir nicht mehr mit demselben Vertrauen auf unser Heer in den Krieg ziehen könnten, mit dem unsere Väter auf das Heer von 1870 sahen, – wenn das wahr ist, verzeihen Sie mir das Wort, *dann kann mir die ganze Kultur gestohlen bleiben.*« (Zit. G 31)

Hiller denkt nicht daran, es zu verzeihen. Vielmehr attackiert er die Auffassung, die, so unterstellt er, im Reich die Falkenhayner von der *Kultur* hegen. Für sie habe Kultur den einen Zweck: »alle ihr Unterworfenen darauf abzurichten, ohne Murren unschuldige Mitmenschen totzuschießen und sich ohne Murren unschuldig von Mitmenschen totschießen zu lassen.« Der Kultur »einziger Sinn« demnach: »willige Kriegsknechte heranzuziehen«. Solchermaßen kanzelt er die Herrschenden samt ihrem *falschen* Begriff von Patriotismus ab: »Patriotismus heißt: mit Begeisterung das vollführen, was der beschränktere Teil der Bevölkerung dem weniger beschränkten auferlegt.« Beachtlich: Die Äußerung Falkenhayns: »mit demselben Vertrauen auf unser Heer in den Krieg ziehen«, stammt vom Mai 1914, fiel also zwei Monate, *ehe* der Krieg Wirklichkeit wurde, – ein weiterer Beweis dafür, was demnächst zu erwarten war, ein vom Reich inszeniertes kriegerisches Ereignis? Etwas empört Hiller besonders: Diese falschen Patrioten, die Lebens- und Kulturverderber, dürfen sich bei ihrem Tun der Zustimmung von höchster Seite sicher sein, wie umgekehrt, auf der anderen Seite, die Friedliebenden wissen, daß sie Häme und Haß zu spüren bekommen werden. Voller Empörung endet Hiller: »Die, welche unausgesetzt dahin streben, blühende Organismen mit rohesten Werkzeugen massenweis zu vernichten, das sind die ›positiven Köpfe‹; wir, die wir alles Lebendige schützen wollen, die wir täglich das Lebendigste neu erzeugen (denn was ist lebendiger als der Geist?), sind ›destruktiv‹, gefährlich und lächerlich.« Das enthusiastische Bekenntnis zum Leben, zum Lebendigen, zum Lebendigsten, wie es Hiller in seiner Glosse ablegt, ist der Grundstein des Pazifismus. Aber was soll gelten? – Der junge Autor, bewährt er sich als Schützer alles Leben-

digen oder als wilhelminischer Patriot, welcher damals, wie er später einräumte,
»allzu harmlos ... den Unschuldsversicherungen Kaiser Wilhelms«, seiner Minister und Medienlakaien vertraut hätte? Mangelt es ihm einstweilen nicht an
Vertrauen, so mangelt es ihm ebenfalls nicht an Mißtrauen, der Angriff auf den
höchsten Militär des Reichs ist der Beweis. Ergebnis: Er steht den höchsten Instanzen des Landes zwiespältig gegenüber: Fachbegriff dafür: Ambivalenz.
Oder: im Gemüt des Autors prallen zwei gegenläufige Tendenzen aufeinander.
Eine setzt sich durch. Am 2. Dezember 1918 resümiert er: »Der Wille zur Abschüttelung der Zwingherrschaft war langsam gewachsen, systematisch genährt
von denen, deren Aufgabe Revolutionierung der Köpfe hieß; die explosiven Energien hatten sich aufgespeichert.« (G 73) Nur »der Köpfe«? Überhaupt, ist nicht
»Abschüttelung der Zwingherrschaft« mehr als »Revolutionierung«, ist sie nicht
Revolution? Und: Übernimmt einer hier diese Aufgabe, der als maßgebender Theoretiker im Berliner Frühexpressionismus ein perfekt *anti*revolutionäres Bekenntnis abgelegt hat? In seinem berühmten Aufsatz »Die Jüngst=Berliner«[4], was liest
man darin? »Zunächst mal: wir wollen mit nichten Tyrannen stürzen. Kitschze-
lebritäten, darauf vertrauen wir, sinken von selber zusammen... Wir bekämpfen
Richtungen, Theorien – nicht Meister. Ob wir den revolutionären Gestus haben,
entzieht sich meiner (wundervollen) Distanzlosigkeit: – daß nie eine Gruppe der
Jugend frömmer, begeisterter, autoritätengläubiger war als wir, steht fest.« – Ty-
rannensturz Fehlanzeige. Fehlanzeige die Parole »in tyrannos«, unter der Hutten
und Schiller zu ihrer Zeit in den Kampf gezogen waren? Revolutionär der »Gestus« allenfalls? – Zur Erinnerung: Wenn der junge Fromme doch in der Tat sich
umstürzend betätigte, so bei Beseitigung des durchaus veralteten, z. T. noch von
mittelalterlichen Normen abhängigen Sexualstrafrechts, das die Verfolgung der
Schwulen ebenso anordnete (§ 175) wie die Bestrafung der Frauen, die abgetrie-
ben hatten (§ 218). Im Frühwerk gerade auch des Schriftstellers K. H. ist über-
zeugend nachzuweisen, wie eng der *literarische* Avantgardismus, die *Emanzipation*
der Sexualität, darunter der von der Norm abweichenden, und die Bemühung um
die Reform der Strafjustiz zu Beginn des 20. Jahrhunderts miteinander verknüpft
waren. Dennoch, was noch nicht aufscheint, ist die Idee der politischen, auch sozialen Revolution.
Immerhin gibt es einen Ansatz dafür, keinen ganz geringen, in Hillers Gedankenwelt, gibt es um die Zeit des Weltkriegsbeginns Anfänge im Kreis seiner Gesin-
nungsfreunde. Hiller sucht im Frühjahr 1914 nach einem Namen für seine und
die Bestrebungen der Seinigen: »... von der Kontemplation über Normatives zur
normativen Aktion. Dieser Sprung heißt *Voluntarismus*.« (G 29) Wie entstand die
neue Richtung? Retrospektiv (1966) führte Hiller sie auf vier Initiatoren zurück:
Alfred Kerr, Gustav Landauer, Heinrich Mann und Ludwig Rubiner (in einer Anmerkung, R 12). Sein Freundeskreis entscheidet sich für den Terminus: »Aktivismus«. Was ist das? Ein Lexikon bietet die folgende Definition: »... die in den 5
Jahrbüchern ›Das Ziel‹ (1916-1924, hg. von K. Hiller) vertretenen sozial-revolu-

---

4 In: Literatur und Wissenschaft. Monatliche Beilage der Heidelberger Zeitung, Nr. 7 (22. 7. 1911); Sonderab-
druck, S. 2 f.

tionären, pazifist[ischen] Thesen und Programme.«[5] Das ist aber keine Definition, sondern nur der Hinweis, *wo* die Zeugnisse des Aktivismus erschienen und *in
welchen* literarischen Formen. Zur Inhaltsbestimmung müssen drei Merkmale he-
rausgehoben werden: der begriffliche Kern, das wesentliche Ziel sowie die Träger-
schicht, mit Hiller: die »Phalanx« derer, die es erstreben. Der Kernbegriff ist: Geist.
Hiller definiert 1919: »das Werk des Geistes« sei »die Total-Befreiung der Menschheit ... Geist ist nämlich die Bezeichnung der Kraft in der Menschheit, die aus ist
auf Befreiung der Menschheit. Wo steckt nun der Geist? Potentiell und weckbar
unstreitig in jedem; aktuell und wach in wenigen.« (L 141) Oder, an anderer Stelle vergleichbar: Geist – – »Inbegriff aller Bemühungen um Besserung des Loses
der Menschheit« (G 93). Sei er zu Hause in der akademischen Welt, beheimatet
in der Zunft der Professoren? – Nein, antwortet Hiller: hierin gerade nicht, und
nominiert als das sprichwörtliche abschreckende Beispiel den zeitgenössischen
Nationalökonomen und Soziologen Alfred Weber mit dem Satz: »Jeder Deutsche
ein Krieger, – anders gibt es für uns keine Zukunft.«[6] Von Hiller zitiert, aber ohne
Kommentar. Menschen, die selber denken, sollen sich ihren eigenen Reim darauf
machen. Eine ausgesprochene Entgegnung verdient das Indiskutable nicht.
Die Aktivisten müßten nach Hillers Definition die »kulturpolitische Radikale«
sein.
Was heißt das? – Sie bündeln alle Bestrebungen, die der Erneuerung der Kultur
gewidmet sind: »... wir wollten den großen Bogen schlagen über alle ernsten, auf
Änderung der Welt abzielenden Einzelbewegungen: die völkerrechtlichen und
staatsrechtlichen, sexualreformerischen und pädagogischen, wirtschaftlichen und
künstlerischen; wir wollten die umfassende Repräsentation der kulturpolischen
Radikale sein.« (G 77)
Idealer Repräsentant des Aktivismus bei Hiller ist – der »Litterat« (nach Schopen-
hauers Beispiel bei ihm stets mit doppeltem »t«): »Kein Ausgeschloßner mehr,
kein ironisch Danebenstehender und bloß formulierender Gaffer, sondern ein
Eingreifender; nicht länger Statist, sondern *Held*.« (G 38) »Der Litterat von morgen wird der große Verantwortliche sein; der Geistige in Reinzucht; denkend, doch
untheoretisch; tief, doch weltlich. Nicht nur, daß der Intellekt in ihm die Tat nicht
mehr hemmt: all sein Intellekt wird zur Tat hinzielen. Er ist der Aufrufende, der
Verwirklichende, der Prophet, der Führer. Ein stärkster Typus seit Jahrhunderten:
Grundsteinleger der topischen Utopie.« (G 57; »der topischen Utopie«, verdol-
metscht: ›der Utopie, die ihren festen Grund findet‹.) Abermals meldet sich des
Autors, eines leidgeprüften Wissen: »Professorenstumpfsinn« »beschimpft oder
verhöhnt die Empörten, die Empörer, die Erwecker zur Wahrheit und heiligen
Auflehnung, die Herzvollen, die Hassenden aus Liebe, die Erzieher zu würdiger
Selbständigkeit des Denkens und Handelns.« (G 111) Hier haben wir einen Nach-
klang des ein Jahrhundert früher von Willibald Alexis gerühmten Ausrufs von
Wilhelm Müller (dem Dichter aus Dessau), aus dem Vormärz: »Empor, empor!

---

5 Günther und Irmgard Schweikle, Metzler Literatur Lexikon. Stichwörter zur Weltliteratur, Stuttgart 1984,
6. – Vgl. auch: Harald Lützenkirchen, Aktivismus, Schr 1,25 f.
6 G 113; sowie das Zit.: ebd., 81. – Webers Satz ist – aus späterer Sicht geurteilt – vorweggenommener Ernst
Jünger (vgl. dessen Aufforderung an seine Landsleute, fortan im Stand nie unterbrochener Mobilmachung zu
existieren).

Sie nennen uns Empörer!«[7] Im übrigen seien »Litteraten« diejenigen Leute, denen die Lösung einer Spezialaufgabe zufalle, und sollten sie in die Regierung eintreten, mit dem Auftrag: »Revolutionäre Litteraten sind fortab schon deshalb in der Exekutive unentbehrlich, weil eine der unaufschiebbarsten und schwierigsten Aufgaben die Zertrümmerung und der Neuaufbau der Presse sein wird.« (G 146) Anmerkung zum Denkstil: »Zertrümmerung« und »Neuaufbau« als Koppelung antithetischer Termini ist erstens eine typische Argumentationsfigur mancher expressionistischen Texte. Zweitens: Diese stimmen darin mit der biblischen Offenbarungsliteratur überein. Die Struktur ist die der Apokalypse.[8] Die identische Struktur in Hillers Definition der Tendenz ›großer‹ Kunst: Es »bleibt aller großen Kunst Tendenz die universale: die Einstellung des geistigen Künstlers auf Zerstörung der Ordnungen, auf Neubau der Welt.« (G 59) Aus Hillers Überlegungen, was der erwünschte Aktivist sei und was die Aufgabe des Literaten, der das Ziel der Befreiung der Menschheit anstrebt, geht auch sein Traumbild eines »Ministeriums der Köpfe hervor« (1919): »Ein Ministerium der zupackenden sozialistischen Tat; ein Ministerium dabei des internationalen und internen Pazifismus; ein Ministerium der enthusiastischen erziehungspolitischen Aktion; ein Ministerium revolutionären Jugendmuts und der kraftvollen Weisheit; ein Ministerium der Köpfe.« (G 142)

In Titeln wie Untertiteln der von Hiller während des 1. Weltkriegs und unmittelbaren Nachkriegs verfaßten und herausgegebenen Schriften erscheinen die Schlüsselwörter des Aktivismus. Das erste der Ziel-Jahrbücher segelt unter der Bezeichnung: »Das Ziel. Aufrufe zu tätigem Geist« (1916); das folgende: »Tätiger Geist! Zweites der Ziel-Jahrbücher« (1918); dazwischen eingeschoben 1917 die Broschüre: »Taugenichts / Tätiger Geist / Thomas Mann«. 1920: »Geist werde Herr«, eine Sammlung von Aufsätzen des Jahrfünfts 1914-1919. Die Zieljahrbücher 3 und 4 sind benannt: »Das Ziel. Jahrbücher für geistige Politik« (1919/20), Nr. 5 abermals anders: »Geistige Politik! Fünftes der Ziel-Jahrbücher« (1924). Die Geistbetonung drückt vor allem eine Aversion aus: gegen die Geistlosigkeit, sogar Geistwidrigkeit der herkömmlichen (Partei-)Politik. Die Titel in ihrer Gesamtheit sind ein Aufschrei. Geistlosigkeit ließe sich wiedergeben: das Fehlen des Messianismus. Messianisch, dem Aktivismus entsprechend klingt z. B. der Titel: »Der Aufbruch zum Paradies« von Hillers Aphorismen- oder Thesenbuch (zuerst 1922, erweitert 1952 neu). 1919 sah er im Stichwort »Paradies« »die Endziellehre des Aktivismus« komprimiert (L 141)

Ein messianischer Aktivist wie Hiller wäre in der Gegenwart des 21. Jahrhunderts sicher ein erbitterter Streiter gegen den die Sphäre durchdringenden *Antimessianismus.* Antimessianismus äußerte sich kürzlich etwa, als ein amtierender Bundespräsident die deutsche Bevölkerung bezichtigte, eine Gemeinschaft der »Glückssüchtigen« zu sein. Was Wunder: Wenn einem Volk seitens seiner Staatsmänner so viel Unglück zugemutet worden ist wie dem deutschen in hundert Jahren, soll

---

7   Zit. bei Wolfgang Beutin, Königtum und Adel in den historischen Romanen von Willibald Alexis, Berlin 1966, 115
8   Zum Motiv vom Untergang und Neuanfang vgl. Verse in Apk. 21: »Und ich sah einen neuen Himmel und eine neue Erde; denn der erste Himmel und die erste Erde verging ... Und ich, Johannes, sah die heilige Stadt, das neue Jerusalem ... Und der auf dem Stuhl saß, sprach: Siehe, ich mache alles neu! ...«

nicht sein Glücksverlangen mächtig sein? Von Amtswegen, nicht zuletzt gewiß unter dem Druck der militärischen Instanzen, der sämtlichen Generalkommandos, wurde das erste Ziel-Jahrbuch verboten, beschlagnahmt auf dem Weg des Erlasses, Begründung (Oberzensurstelle Berlin, am 27. Juli 1916): es enthielt »revolutionäre, antireligiöse, antimilitaristische und frauenrechtlerisch-pazifistische Beiträge« (G 76). Apartes Junktim: »frauenrechtlerisch-pazifistisch«. Es enthüllt die Sicht der Kommißköpfe: Friede ist weiblich, unpassend weibisch – für männische Männer in Uniform. Richtig, Hiller stand vom Beginn seines Wirkens an stets im Bunde mit führenden Frauenrechtlerinnen. So holte er sich fürs 1. Jahrbuch als Beiträgerin die Berlinerin Hedwig Dohm (1833-1919; in einem Nachlagewerk belobigt man sie jetzt: »die älteste Theoretikerin des radikalen Feminismus«; Frab 73) –. In die nächsten Jahrbücher fügte er Beiträge von zwei Frauen einer jüngeren, ebenso grandiosen Schriftstellerinnengeneration ein: Berta Lask (1878-1967) und Helene Stöcker (1869-1943; Frab 260 f.). Das Verzeichnis aller Beiträgerinnen und Beiträger der Jahrbücher enthüllt denselben Sachverhalt wie die lange Liste der Korrespondenzpartnerinnen und -partner des Briefschreibers K. H. Was da zusammen kommt, ist die Hälfte der deutschen Literatur der Ära, die linke Hälfte und diese so gut wie vollständig. Nur eine schmale Auswahl der Namen: Heinrich Mann, Max Brod, Franz Werfel, Ludwig Rubiner, Walter Benjamin, Alfred Wolfenstein, Walther Rilla, Magnus Hirschfeld, Robert Müller, Otto Braun, Carl von Ossietzky, Alfred Kubin, Theodor Haubach, Heinrich Ströbel, Alfred Grünewald. Freilich sieht man unter den Beiträgern auch solche, die sich danach als Seitenwechsler erwiesen, z. B. Hans Blüher.[9] Mit einem Brief an den Herausgeber gibt sich sogar Karl Gareis die Ehre. Geboren 1844, von Beruf Jurist, zeitweilig Reichstagsabgeordneter, hatte dieser in seiner Frühzeit, damals journalistisch tätig, im Jahre 1870 mit einem von ihm verfaßten Zeitungsbeitrag renommiert: »Ich hab' soeben in dem Leitartikel die Franzosen für außerhalb des Völkerrechts stehend und ihnen den *Racenkrieg* erklärt.«[10] Long ago. Jetzt, exakt ein halbes Jahrhundert später, steht ein Brief von ihm gedruckt unter Beiträgen zur Stärkung des Aktivismus. Bei alledem war Hiller nicht wenig stolz auf den Stamm seiner Mitarbeiterinnen und Mitarbeiter, 72 an der Zahl, und feierlich avisiert er in der Autobiographie im Ton des Alten Testaments die Nennung ihrer Namen: »Dies aber ist die Liste der Mitarbeiter an den fünf Bänden ›Ziel‹: ...« (L 107) Vom Herausgeber in die Jahrbücher eingefügte Zitate rühren von Rousseau, Ferdinand Lassalle und Oscar Wilde her. Hiller begnügt sich im Kriege nicht mit der Zusammenstellung seiner Anthologien, sondern entschließt sich, »ihre Doktrin auf Redereisen zu propagieren« (L 109). In der Öffentlichkeit, stellt er fest, verschmelzen sein Name und der Titel der Ziel-Jahrbücher. Im Sommer 1918 besucht er Eduard Bernstein – Hiller schreibt: »den Revisionisten, aber jetzt unabhängigen Linkssozialisten« –, um sich mit diesem »in einer persönlichen Angelegenheit« zu besprechen. Das geschah in Anwesenheit eines zweiten Gastes, namens Albert Einstein. Bei Hillers Eintritt in Bernsteins Wohnung fragte ihn der Gastgeber: »Sie sind doch der ›Ziel‹-Hiller?« (L 142)

---

9 Auseinandersetzung mit diesem: vgl. Hiller, L 114-118.
10 Nach dem Bericht seines Lehrers Felix Dahn, in: Erinnerungen, 4 Bde., Leipzig 1890-1895, 4,225

1917 kommen auf Einladung von Hiller »gleichgesinnte« Persönlichkeiten – Autoren, Kulturschaffende, Wissenschaftler – zu einer geheimen Konferenz im Westend zusammen, die sich zu einer Gruppe vereinigen, die sie »Bund zum Ziel« taufen (»bewusst ihre Absichten verschleiernd«). Einstimmig verabschieden sie die »Westender Leitsätze« vom 17. August 1917. In diesen sagen sie, daß der Bund getragen sei »von den Ideen der großen europäischen Bewegungen«, die sich »um die Freiheit des Menschen und die Verbrüderung der Völker bemühen«. Die Verwirklichung aller utopischen Absichten sollten »die besten Köpfe, die verantwortlichsten und leidenschaftlichsten Herzen, die geistigen Führer der Nationen« in die Hände nehmen. Die stimmenzählende Demokratie ist so um eine Komponente zu ergänzen, um die Teilhabe der Geistigen an der Macht, um eine »Herrschaft der Vernunft«, wofür Hiller auch den Begriff »Logokratie« verwendet (Rat 44 f.). 1918 lädt Hiller für den 7./8. November, so meldet er in seiner Selbstlebensbeschreibung, »alle verfügbaren« Beiträger seiner Jahrbücher »nebst einer Anzahl Sympathisierender« zu einer Konferenz ins Berliner Nollendorf-Kasino ein, wo der »Bund zum Ziel« in »Aktivistenbund« umgetauft wird. In der Versammlung präsentiert er einen Programmentwurf, der auf den »Westender Leitsätzen« beruht. Wie 1917 diese, so wird der aktuelle Entwurf (mit einigen geringfügigen Änderungen) – auch er einstimmig – angenommen (L 120). Zu den in ihm enthaltenen Forderungen gehören u. a.: Abschaffung der Wehrpflicht, Vergesellschaftung von Grund und Boden und Umwandlung kapitalistischer Unternehmungen in Arbeiterproduktivgenossenschaften; weitgehende Freiheit des Geschlechtslebens und damit Liberalisierung des Strafrechts (zit.: in Rat, 45). Dies Revolutionsprogramm erweist sich im wesentlichen als eine Verbindung von Zügen des Sozialismus mit solchen des Pazifismus und der sexuellen Revolution.

Zu Recht stellt Hiller am 2. Dezember des Jahres fest: »Der 9. November traf uns nicht unvorbereitet. Am 8. war unser punktiertes Programm ... durchberaten und textlich fertiggestellt ...« (G 77)

In der Autobiographie schaut er noch einmal auf den 9. November: »Schon der nächste Tag, wie man weiß, brachte den Sturz des Kaisers, durch die Kraft und Klugheit der revolutionären Matrosen und durch den nicht mehr zu hemmenden Massenerfolg der Unabhängigen Sozialdemokratischen Partei Deutschlands, welche den von Philipp Scheidemann geführten Linksflügel der Mehrheits-Sozialdemokratie zuletzt mit sich zog, gleichfalls den von Theodor Wolff und Hellmut v. Gerlach publizistisch geleiteten Linksliberalismus. Ohne Matrosen und Massen wäre keine Revolution verwirklicht worden; dennoch urteilt verkehrt, wer ihnen allein das Verdienst am siegreichen Umstürzen der imperialen Idiotokratie zuschreibt. Dieses würde ohne geistige Vorbereitung, ohne Parteien, Bünde, Köpfe, Presse, Litteratur, ohne Aktivität der Aktivisten unmöglich geblieben sein. Erst die Tätigkeit der ›Utopiker‹ machte die ›Utopie‹ topisch.« (L 120 f.) Noch einmal, es heißt, erst sie ›verschaffte ihr festen Boden unter den Füßen‹, ›holte sie auf die Erde herab‹.

Was der Geschichtsschreiber des Aktivismus allerdings aus dem komplizierten Gesamtbild der »Revolution« von 1918 herausfallen ließ, waren die Züge einer ›Revolution von oben‹. Sie zunächst hatte die Ereignisfolge initiiert, indem die

Oberste Heeresleitung am 29. September von der kaiserlichen Regierung die sofortige Herbeiführung des Friedens auf Grundlage der 14 Punkte des US-Präsidenten forderte. So erweist sich die Novemberrevolution historisch in der Tat als eine ›Revolution von oben‹ in Kombination mit einer ›von unten‹, oder: Der ›Revolution von oben‹ antworteten Aktionen ›von unten‹: zu allererst der Aufstand der Matrosen zu Beginn des Novembers, nachfolgend der Berliner Januaraufstand (fälschlich als ›Spartakusaufstand‹ bezeichnet) sowie die mehreren Räterepubliken, am bedeutendsten die Bremer im Januar und die Münchener im April.[11]

Revolution und Weimarzeit (1918-1926)

Hier ist keine Schilderung des geschichtlichen Verlaufs nach Ende des Weltkriegs am Platz. Es werden nicht die Novemberrevolution mit ihren Folgen und die Weimarer Republik ins Zentrum gerückt. Vielmehr eine Theoriebildung in diesem Zeitraum: der Pazifismus, soweit Kurt Hiller an ihm Anteil hatte.

Im Leben der Menschengattung ist der Friedens*gedanke* bis heute ein grundlegendes Axiom, die Friedens*bewegung* neben der sozialen und demokratischen eine der wichtigen dem Schutz des Lebens dienenden Aktionsformen der Menschen in der modernen Welt. Hillers Beitrag zur Entwicklung des Friedensgedankens bildet einen hervorragenden Bestandteil seines literarischen Œuvres, einen Ausschnitt, der heutzutage noch – und wieder – höchst anregend wirkt. Allerdings sind vorweg einige Angaben zur Tätigkeit des Autors und seiner Mitstreiter in der Revolution und danach sowie zu den von ihm gegründeten Bünden und Gruppen notwendig. Begreiflicherweise erhält sich der Pazifismus niemals freischwebend im Raume, sondern stets integriert in die geschichtlichen Vorgänge und ins Handeln von Personen und Institutionen. In der Ära von 1918 bis 1926, dem Gründungsjahr der »Gruppe Revolutionärer Pazifisten«, verband Hiller seine pazifistischen Bestrebungen eng mit sozialistischen und mit einer Form der Revolution, der »kulturellen Revolution«. Diese Verquickungen sind ebenfalls nicht zu vernachlässigen.

Als Anfangsdatum der Novemberrevolution gilt bekanntlich der 9. des Monats. Ein Tag, an dem die Aktivisten nicht müßig bleiben. So sucht namens des neu formierten »Aktivistenbunds« dessen Mitglied Leo Matthias den Vorsitzenden des Berliner Zentralrats der Soldatenräte, Hauptmann Hans-Georg von Beerfelde, auf. Beerfelde verspricht, »uns neben seinem Soldatenrat und dem Arbeiterrat als dritte Macht in die Exekutive und die für später in Aussicht genommene Legislati-

---

11 Zu den unmittelbar an den Aktionen Beteiligten zählte in München der Schriftsteller Ernst Toller (USPD). Der Sieg der Revolution im November bildete in seiner Sicht nicht mehr als die Begleiterscheinung des Friedensangebots, das die Reichsleitung am 4. Oktober an Wilson absandte. Als Frucht des Sieges, so Toller, werde die Demokratie zwar hingestellt. Aber: Diese Demokratie »weckt keinen Widerhall, weder der Reichstag erkämpfte sie noch das Volk, sie wurde diktiert ...« Zit. in: Wolfgang Beutin, Die Novemberrevolution – Ursachen, Wesen und Ergebnisse, in: Heidi Beutin, Wolfgang Beutin u. a. (Hgg.), Das waren Wintermonate voller Arbeit, Hoffen und Glück ... Die Novemberrevolution 1918 in Grundzügen, Frankfurt / M. 2010, 25. – (Damit zu vergleichen ist die einstmals, ein knappes Halbjahrhundert zuvor, durch Bismarck realisierte Reichseinheit.) Hier deckt sich Tollers Beurteilung vollkommen mit derjenigen des Historikers Fritz Fischer: »Als bolschewistische Revolution wird oft noch verstanden, was, in der ersten Phase lediglich Revolution ‚von oben‚, in Wirklichkeit also überhaupt keine Revolution gewesen war ...«In: Einleitung zu Wolfgang Malanowsky, November-Revolution 1918. Die Rolle der SPD, Frankfurt / M. etc. 1969, 10

ve der Revolution, mit Kulturpolitik als Spezialaufgabe, einzubauen ...« Er stellt nur die Bedingung, den Rat als Parallele zu Soldaten- und Arbeiterräten sichtbar zu machen, indem er die Bezeichnung »Rat geistiger Arbeiter« annimmt (L 128). Ebenso entstehen in anderen Städten des Reichs sowie in Österreich Räte geistiger Arbeiter. Darunter in München, wo Heinrich Mann den Vorsitz hat, sowie einer in Wien, wo Robert Müller (vgl. L 137) an die Spitze gestellt wird. Heinrich Mann regt an, dem Namen des Rats das Adjektiv »Politischer« voranzusetzen: *Politischer Rat geistiger Arbeiter*. So soll vermieden werden, daß Arbeitslose ihn mit einer Behörde für Arbeitsvermittlung verwechseln.

Hiller notiert über sein Tun am selben Tage: »Am 9. November 1918, drei Uhr mittags, hatte ich in der Redaktion des *Berliner Tageblatts* Theodor Wolff, gegen fünf Uhr Hellmut v. Gerlach in der seiner *Welt am Montag* aufgesucht, um beide Wortführer des Berliner Linksliberalismus einzuladen, die frische Deklaration des Aktivistenbundes mitzuunterschreiben; an diesem Tage! Theodor Wolff, nach Lektüre, erwiderte: Die Skepsis am Demokratismus stört mich nicht; aber Sozialismus? Niemals! – Während v. Gerlach antwortete: Das Bekenntnis zum sozialistischen Gedanken macht mir nichts aus; aber am demokratischen Prinzip rütteln? Nie!« (L 143)

In Berlin steht dem Rat ein Sitzungszimmer im Reichstag zu, doch nur kurze Zeit. Nicht länger als 4-5 Tage nutzt er es, dann ist schon wieder Schluß. Beerfelde verliert nach drei Tagen seine Position, und damit kommt dem Rat der »Protektor« abhanden. Die Reichstagsbürokratie bootet mit dem Rat zugleich die »Sozialistischen Studenten« und den (sehr fortschrittlichen) »Bund Neues Vaterland« aus. Bürokratische Begründung: sie gehörten nicht in den Reichstag, weil er ausschließlich den Parteien vorbehalten wäre. Um Protest einzulegen, sucht Hiller daraufhin Otto Landsberg auf, eins der sechs Mitglieder des »Rats der Volksbeauftragten«; aber vergebens. Hillers Gremium muß sich bescheiden, seine Tätigkeit in einem in Charlottenburg angemieteten Raum weiterzuführen, wofür glücklicherweise eine Geldspende vorhanden ist (Rat 45 f.).

Zu den Aktivitäten des Rats zählt die Veranstaltung einer Zusammenkunft am 2. Dezember 1918 im Berliner Blüthnersaal. Hiller eröffnet sie mit der programmatischen Rede: »Wer sind wir? Was wollen wir?« (G 71-92) Nach der Wahl zur Nationalversammlung am 19. Januar 1919 büßen die Arbeiter- und Soldatenräte in Deutschland allmählich an Bedeutung ein, und der »Politische Rat geistiger Arbeiter« in Berlin verliert die seinige rasch. Dessen Endpunkt setzt der »Gesamtdeutsche Aktivistenkongreß«, der immerhin eine ganze Woche tagt, vom 15.-22 Juni 1919 im Schubertsaal am Nollendorfplatz, wofür der Rest des gespendeten Geldes verbraucht wird. Der Besuch war nicht glänzend, vermerkt Hiller, und schwankte von Tag zu Tag. Immerhin erscheinen durchschnittlich 100-150 Personen. Das Niveau der Vorträge und Diskussionen liegt sehr hoch. Ein Hauptstreitthema ist die Ausgestaltung der Friedensidee, wobei drei Richtungen gegeneinander kämpfen, »unerquicklich«, meinte der Berichterstatter. Die drei sind: »Die quäkerisch-tolstojanische, anarchoide Richtung der absoluten Gewaltlosigkeit, die freiheitlich-sozialistisch-linkspazifistische (gewisse Gewaltfälle sanktionierende Richtung) unsres Kernkreises und die von Lenin faszinierte Richtung der aggressiven roten

Gewalt.« (L 136 f.) Einigkeit gab es in einem: Der Kongreß beschloß, den Rat aufzulösen (L 138).

In der ersten Hälfte des Folgejahres, 1920, wenden sich Helene Stöcker, Hillers langjährige Mitstreiterin, sowie Magnus Schwantje, der Gründer und Leiter des »Bundes für radikale Ethik«, mit dem Vorschlag an ihn, alsbald einmal an einer Veranstaltung der Berliner Ortsgruppe der »Deutschen Friedens-Gesellschaft« teilzunehmen. Das ist die alte Gründung Bertha von Suttners (1892), die sich erneuert hat. Im Jahrzehnt nach dem Weltkrieg befindet sie sich in einer Aufschwungphase. 1927 erreicht sie mit mehr als 30000 Mitgliedern in ungefähr 300 Ortsgruppen ihren Höhepunkt (Frib 74). Hiller muß sich sagen lassen: »Wem wie mir klar sei, daß der Kampf gegen den Krieg auf ein anständiges politisches Programm als Punkt eins gehöre, der dürfe an der neugeborenen Friedens-Gesellschaft nicht lächelnd vorübergehen.« (L 148)

Wirklich geht er nicht lächelnd an ihr vorüber. Vielmehr bringt er nun für ein Jahrzehnt seine Energie in die Deutsche Friedens-Gesellschaft ein. Die beiden Persönlichkeiten, mit denen er dort am engsten zusammen wirkt, sind Helene Stöcker (> Frab 260 f., Frib 374) und der Pfarrer August Bleier (L 160). Hillers Renommee in der Berliner Ortsgruppe wächst schnell, ihm fällt die Rolle eines ihrer Wortführer zu. Dies drückt sich etwa darin aus, daß, während Bleier Vorsitzender wird, man ihn zu dessen Stellvertreter wählt. Die Berliner Ortsgruppe schickt sie beide Ende September 1920 zur Generalversammlung der Deutschen Friedens-Gesellschaft nach Braunschweig. Hier hält Hiller am 30. September seine Rede »Linkspazifismus« (R 27-43). Ein Jahr später legen er und seine Mitstreiter in Bochum der nächsten Generalversammlung einen stilistisch lakonischen Antrag vor (eine Zeile Länge!), der mit Zweidrittelmehrheit Zustimmung findet. Er lautete: »Die Deutsche Friedens-Gesellschaft fordert die Abschaffung der Reichswehr.« (L 155) Im Jahre 1924 nimmt Hiller am XXIII. Weltfriedenskongreß des Internationalen Verbandes der Friedensgesellschaften in Berlin teil. Hier wählt er; um seine Kongreßrede zu betiteln, die Formel »Das Recht auf Leben«, die er selber als »Urgrundformel des Pazifismus« versteht (L 164). Seine Rede enthält eine Polemik gegen Schillers Satz (den zweitletzten Vers) aus seinem »Trauerspiel mit Chören« »Die Braut von Messina«: »Ein deutscher Dichter hat mit einem berühmten Vers es allen Bellizisten leicht gemacht, der Welt vorzulügen, das Leben sei ›der Güter höchstes nicht‹; wäre der Satz wahr, so bliebe es doch die Voraussetzung aller Güter, auch der höchsten. Das Recht der Rechte ist das Recht auf Leben ...« (L 185)

In der zweiten Hälfte der zwanziger Jahre erschütterten Richtungskämpfe die Friedens-Gesellschaft, die schließlich in Spaltungen mündeten. Der mitgliederstärkste Landesverband, der Westdeutsche, versucht, eine aggressivere Grundlinie des Pazifismus durchzusetzen, am Ende mit Erfolg. Die älteren, bürgerlichdemokratischen Kräfte werden aus der Gesellschaft verbannt, so z. B. Ludwig Quidde – in der kurzen Reihe der insgesamt bloß vier deutschen Friedensnobelpreisträger ist er der zweite (1927) – (Frib 75). Auch gegen Hiller strengt die gegnerische Gruppe ein Ausschlußverfahren an. Aber die oberste Instanz der deutschen Friedensbewegung, der Aktionsausschuß des Deutschen Friedens-Kartells, beruft zur Beilegung des Streits ein Ehrengericht. Es entscheidet zur Freude Hillers einstimmig, daß kein Grund zum Ausschluß vorliege, so daß dieser auch nicht durchzuführen sei. Dem Schiedsspruch zum Trotz schließt ihn unter dem Druck seiner Gegner 1930 die Friedens-Gesellschaft aus (L 174).

Bereits vier Jahre zuvor, im Juli 1926, hatte Hiller mit Freunden die »Gruppe Revolutionärer Pazifisten« gegründet. Eine »Vorsichtsmaßregel«, wie er schreibt. Sie traten nicht aus der Friedens-Gesellschaft aus, rechneten jedoch schon zu diesem Zeitpunkt mit der Wahrscheinlichkeit, daß sie hinausgedrängt werden würden. Der Neugründung schließen sich auch Personen an, die nicht Mitglieder der Friedens-Gesellschaft sind, Schriftstellerkollegen wie Kurt Tucholsky. Später weitere, bekannte: Klaus Mann, Ernst Toller, Walter Mehring (L 163).

Die zehn Jahre von 1916 bis 1926, also von der Gründung der Ziel-Jahrbücher bis zur Gründung der Gruppe Revolutionärer Pazifisten, hatten Hiller in fortwährenden Aktivitäten gesehen, angefangen bei Arbeiten an seinen Anthologien und an der Zusammenstellung der Texte, über Vortragsreisen und die Schaffung von Bünden und Gruppen, bis hin zur Veranstaltung von Kongressen und zur Teilnahme an solchen. Ein zweiter Teil seiner Energien floß in die Schriftstellerei, es entstanden Reden, Aufsätze, Glossen, und er veröffentlichte Bücher und Broschüren. Drittens: die ganze Zeit über riß seine Gedankenarbeit nicht ab, die politische und die literarische, er schuf neue Ismen – Aktivismus ist davon nur die eine –. In bestimmten Abständen nach den neuen neuere. So baute er eine Weile an einem Flügel seines Gedankengebäudes, aber nun nicht, um ihn lange unverändert zu lassen, sondern um ihn alsbald wieder umzubauen. Oder er baute einen neuen an.

Zu den Ismen, die er nicht nur einmal einer Wandlung unterzog, gehörte der Pazifismus. Seine Konzeption arbeitete Hiller in seiner politischen Philosophie in drei Stufen aus.

Die erste war der Absolutpazifismus, dem er in der Revolution leidenschaftlichsten Ausdruck gab;
eine zweite der »Linkspazifismus«, wie er ihn in seiner gleichnamigen Rede präsentierte;
die dritte die im Namen der Gruppe Revolutionärer Pazifisten erscheinende, der »Revolutionäre Pazifismus«.

I. Absolutpazifismus. – In der »Vorbemerkung« zu seiner Schrift »Geist werde Herr« (1920) äußert er seine *absolut*pazifistische Konfession, die er mit einer sozialistischen und seiner logokratischen amalgamiert. Das Stichwort »Absolut« kommt ebenso vor wie in naiver Verwendung der Terminus »Rassen«: »Ich wünsche, ja ich wünsche mir eine im Wirtschaftlichen nicht ressentimental, doch radikal sozialistische, meinethalben kommunistische Partei ..., die unter allen Umständen die Waffe verwirft und die den Typus Höherer Mensch, den Typus des Geistigen, der quer durch Rassen und Klassen geschichtet ist, ethisch anerkennt und politisch an den rechten Platz stellt, zu schöpferischer Funktion in der Gesellschaft. Absolutheit des Pazifismus, des zwischenstaatlichen wie des innerstaatlichen ...« (G

11 f.) Damit wäre der Krieg zwischen den Nationen ebenso unmöglich wie einer zwischen Bürgerkriegsparteien.

In seiner Eröffnungsrede: »Wer sind wir? Was wollen wir?«, die er bei der vom Politischen Rat geistiger Arbeiter einberufenen Versammlung in Berlin am 2. Dezember 1918 hielt, ballte er gleich im ersten Abschnitt mehrere aktivistische Vorstellungen: »Eine tief durchgreifende, um- und umwühlende Erziehung des Volkes zum Geist« als notwendige Vorbedingung zur »Sicherung der geringen revolutionären Errungenschaften von gestern und heute« sowie als Gewährleistung für »den wirklichen Vormarsch in Richtung aufs Paradies«. (Skurrile Stilistik: mit einem Stichwort militaristischer Herkunft verbunden der messianische Traum!) (G 73). Sein Gesamtvorhaben faßt er unter dem Terminus der »kulturellen Revolution« zusammen: »Wir sahen die politische Revolution; das Proletariat, dessen Eigeninteresse sich deckt mit dem Gebot der Gerechtigkeit, wird dafür sorgen, daß der politischen die soziale Revolution folge; aber wahre Revolution ist erst dort, wo die kulturelle Revolution gelang.« (Ebd.) Hillers Argumentation gipfelt in einer Kernaussage, die der Redner in den zwei letzten Sätzen formuliert – worin er das Axiom eines jeglichen Pazifismus niederlegt –: »Leitstern aller künftigen Politik muß die Unantastbarkeit des Lebens sein. Die Schöpfung zu heiligen, das Schöpferische zu schützen, die Sklaverei in jeglicher Gestalt vom Erdball zu fegen, das ist die Pflicht.« (G 92) Pazifismus heißt für Hiller auch in dieser Rede *Absolut*pazifismus. Er sagt: »Der Wahnsinn, die Ruchlosigkeit, daß Menschen auf Menschenbefehl Menschen morden, diese fürchterlichste aller Formen der Sklaverei, kann auf keine andere Art und Weise ausgerottet werden als dadurch, daß man die Instrumente des Mordes unverzüglich der Menschheit aus den Händen nimmt.« Daher auch die Wendung gegen die *Miliz* (wie sie in sozialdemokratischen Parteiprogrammen gefordert wurde), denn sie bedeute »die Verewigung des kriegerischen Zeitalters«; das Adverb »unverzüglich« ist Zurückweisung des »Professorenpazifismus, der langsam abrüsten will«; daher als eigene Forderungen: »die sofortige totale Aufhebung der Wehrpflicht«; »das internationale Verbot aller militärischen Einrichtungen« (G 91). Hillers pazifistische Lehre läßt sich auch in der Formel zusammenfassen: »die ewige Friedensordnung der Erde« (G 83), eine Kant-Reminiszenz. Sie klingt an dessen Titel und Parole aus dem Jahre 1795 an: »Zum ewigen Frieden«.

Hiller versucht in diesen Wochen des Revolutionsjahrs, Absolutpazifistisches in der Theorie und Praxis vorhandener Parteien aufzuspüren. Vier Wochen nach seiner Rede am 2. Dezember, Silvester 1918 richtet er in zwei Zeitungen einen »Appell« ans Publikum und erklärt, er selber stehe »mit dem Herzen bei der einzigen Partei, welche die Schöpfung heiligt; bei der einzigen Anti-Mord-Partei; bei der einzigen Partei mit dem Willen zur Wahrheit« (G 100). Sein Versuch mit der »Anti-Mord-Partei« scheitert. So räumt er 1920 in einer Anmerkung zum Wiederabdruck des Texts ein: ihn habe die Partei, »an die ich so glaubte, ... bitter enttäuscht: sie nahm, wenigstens partiell, teil an dem bewaffneten Aufstande der Spartacisten. Also *keine* Antimordpartei!« (Ebd.) Historisch irrte er sich, den Aufstand in Berlin den »Spartacisten« zur Last zu legen. Gerade wesentliche Teile der von Hiller apostrophierten »einzigen« Partei (USPD) standen im Bunde mit den ›Revolutionären

Obleuten‹ an der Spitze der Aufstandsbewegung von Berliner Arbeitern (5.-13. Januar 1919), wohingegen die gerade gegründete KPD (Hillers »Spartacisten«) aus gutem Grund dagegen Stellung genommen hatte, mit Ausnahme von zwein ihrer Spitzenfunktionäre. Überhaupt sieht man zu diesem Zeitpunkt, wie aus Hillers Absolutpazifismus die schroffste Ablehnung des Spartakusbunds und seiner Politik (später der KPD) resultiert. Bereits in seiner Rede am 2. Dezember hatte er gegen Spartakus polemisiert, dieser möchte, indem er die Diktatur des Proletariats anstrebe, den Krieg durch den Bürgerkrieg ersetzen, oder: den »Zustand, daß Deutsche und Nichtdeutsche einander umbringen«, durch den anderen ablösen, »wo der Deutsche den Deutschen tötet. Das ist die Barbarei, das ist das Verbrechen, das ist der Irrsinn.« Dieser Zustand sei kurz darauf tatsächlich eingetreten, und wiederum bezichtigt Hiller den Spartakusbund / die KPD: »nicht ganz ohne Schuld jener Partei, deren beste Köpfe dran glauben mußten« (G 85 ff.). In den zwei darauf folgenden Monaten, Februar/März 1919, beginnt er allerdings, sein Urteil zu revidieren – nicht indem er die Schuldzuweisung kassiert. Ihre Richtung ändert er. Jetzt belastet er die Gegner der Sozialisierungsforderung, und eine Rolle spielt dabei für ihn der Vorfall in Berlin am 6. Dezember 1918. Was war geschehen? Richard Müller berichtete später: »Zur selbigen Zeit und Stunde wurde Herr Ebert von einem Haufen Soldaten zum ›Reichspräsidenten‹ ausgerufen, ein anderer Haufen machte den Versuch, den Vollzugsrat[12] zu verhaften und ein dritter Haufen schoß mit Maschinengewehrfeuer einen unter spartakistischem Einfluß stehenden Demonstrationszug auseinander. ... Es war das Werk der Gegenrevolution. ... Die Gegenrevolution hatte ihren ersten Schlag versucht ...«[13] Ergebnis: 16 Tote, 12 Schwerverwundete. Hiller kommentierte: »Hätte man sofort mit dem Sozialismus Ernst gemacht, kein Spartacist würde eine Redaktion oder ein Zechenbüro besetzt, geschweige denn eine Handgranate geworfen haben. Aber man leistete Widerstand: passiven Widerstand, indem man sich weigerte, mit dem ökonomischen und kulturellen Umbau zu beginnen; aktiven Widerstand, indem man auf unbewaffnete Demonstranten schießen ließ. Mit dieser Provokation nämlich fing es an, am 6. Dezember; Blut zeugte Blut, terror terrorem ...« (G 114); und er beschwor abermals die Mittel, die er als einzige Gegenmittel betrachtete: »erstens das Erfüllbare der linksradikalen Wirtschaftsforderung ... sofort freudig erfüllen ...; zweitens alle Waffen und Mordwerkzeuge realiter zu vernichten, das heißt zerschlagen, einschmelzen, in die Luft sprengen, ins Meer versenken.« Er setzt hinzu: »Im übrigen die Presse schonungslos ausräuchern und unverzüglich die Schulen säubern ...«, und läßt sich sogar herbei, eine Parallelaktion zur Diktatur des Proletariats einzufordern: »Wir brauchen die Diktatur des Geistes, solange der Widergeist sich nicht freiwillig davontrollt.« (G 114 f.) In dem Silvester-Appell hatte er schon ein zweites konterrevolutionäres Verbrechen angeprangert, wodurch dasjenige vom 6. Dezember übergipfelt worden war. Zum Zeitpunkt der »Blutweihnacht« (zeitgenössischer Terminus), am 24.

12 Der Berliner Vollzugsrat der Arbeiter- und Soldatenräte, dessen Vorsitzender Richard Müller, der Berichterstatter, war.

13 Richard Müller, Eine Geschichte der Novemberrevolution (zuerst 1924/25), nach »Vorlage der Neuen Ausgabe der 'Kritischen Bibliothek,, 6Berlin 2012, 390, 394 u. 397

Dezember 1918, holte die Gegenrevolution zum zweiten Schlag aus.[14] Die Regierung setzte in Berlin ihre Truppen und Artillerie ein, um das Schloß zu erstürmen und die darin einquartierte »Volksmarinedivision« zu vertreiben. Der Termin war Kalkül: Viele der Matrosen hatten wegen des Heiligenabends Urlaub. Die in ihrem Quartier im Schloß verbliebenen Soldaten und von ihnen alarmierte Berliner Arbeiter wehrten den Schlag ab. Hiller kommentiert: »Das fürchterlichste aller Verbrechen: daß unschuldige Menschen auf Menschenbefehl unschuldige Menschen umbringen ... wurde durch die Häupter einer großen regierenden Partei von den Fronten ins Inland verpflanzt. Deutsche Volksbeauftragte gaben Deutschen den Befehl, auf Deutsche zu schießen. Auf deutsche Matrosen, die sich um den Sturz der alten Ordnung verdienter gemacht hatten als die meisten. ... Aber Herr Ebert, Herr Landsberg und Herr Scheidemann befleckten sich mit dem Blut deutscher Matrosen. ... Verfluchte Mörder, ihr gabt den Befehl zum Mord ...« (G 96 ff.)

Hätte die (erfolgreiche) Gegenwehr der Matrosen und Arbeiter am Heiligabend 1918 ihn nicht vielleicht inspirieren können, am Absolutpazifismus ein Fragezeichen anzubringen? Nach Auskunft seiner Autobiographie zweifelte er ihn jedoch erst im März 1920 an, »als ich aus nächster Nähe zynische Untaten des Kapp-Packs in der ersten Putschnacht beobachten mußte«. Daher habe er im 4. Zieljahrbuch (auch 1920) das »Problem der Kollektivnotwehr einer vergewaltigten Schicht« zur Diskussion gestellt. Könne nicht das Volk in gefährlichen Situationen gezwungen sein, zur »Selbsthilfe« zu greifen? Zu diesem Zeitpunkt verwarf er noch »nicht minder entschieden« als den »Staatenkrieg« den Bürgerkrieg, allerdings mit der Hinzufügung, daß »wir« wissen müßten, wenn er losbreche, »auf welche Seite wir gehören« (L 164 f.).

Der Überblick ergibt, daß seine absolutpazifistische Einstellung sich kontinuierlich auflöste. Im Jahre 1923, als die Franzosen das Ruhrgebiet besetzten, sagte er »Ja zum passiven Widerstand« (L 164). Spätestens, heißt es bei ihm, sei der Absolutpazifismus seit 1935 widerlegt gewesen: durch Äthiopiens »Verteidigungskrieg« gegen den Angreifer, Mussolinis Italien, überhaupt »durch Fascismus (Hillers Schreibweise!) und Nazismus ... zu schweigen von dem Krieg fast der ganzen Welt gegen den vielfältigen Friedensstörer und Völkerrechtsbrecher Hitlerdeutschland« (R 43).[15]

Bereits im Programm des Politischen Rats geistiger Arbeiter (November 1918; als ganzes abgedruckt: L 122-125) sieht man im ersten Satz die Brücke, die späterhin vom Aktivismus zum Pazifismus hinüberleiten würde (derselbe Satz, der die Rede »Wer sind wir? Was wollen wir?« beschließt!): »Leitstern aller künftigen Politik muß die Unantastbarkeit des Lebens sein.« Als Aufgabe des Rates erscheint eine doppelte: »Der Politische Rat geistiger Arbeiter kämpft daher vor allem gegen die Knechtung der Gesamtheit des Volkes durch den Kriegsdienst und gegen die Unterdrückung der Arbeiter durch das kapitalistische System.« Im Absatz I sind als »Bürgschaften für die unbedingte Verhinderung des Krieges« aufgezählt: der Völkerbund samt Völkerparlament, das »Zwangsschiedsgericht«, ein Völker-

---

14 Vgl. Richard Müller, ebd., 413-426
15 Andere Datierung durch Hiller mit Bezug auf »echte Abwehrkriege in Europa«: daß es sie »geben könne«, wußten wir erst seit 1939« (L 155).

vertrag betreffend die Abschaffung der Wehrpflicht in allen Ländern, das Verbot aller militärischen Einrichtungen; die »planmäßige Umwandlung der Gesinnung, insbesondere durch gründliche Änderung des Geschichtsunterrichts« (L 122 f.). Das Programm endet mit dem Aufruf: »Helft uns die kulturpolitische Radikale durchzusetzen auf dem Boden der sozialen Republik!« (L 125)

Linkspazifismus. – Auf der Generalversammlung der Deutschen Friedens-Gesellschaft in Braunschweig trat Hiller am 30. September 1920 mit seiner gleichnamigen Rede auf (neuer Abdruck: R 27-43). Sie zeigt, daß Hiller doch schon jetzt im Begriff stand, seinen Pazifismus, in den er seine Energien investierte, abzuwandeln, inwiefern? – Indem er ihn graduell aufweicht. Ausdrücklich schließt er den Klassenkampf nicht aus, sondern er legitimiert ihn in seiner Definition des Pazifismus ausdrücklich: »Pazifismus bezeichnet keine Lammesgesinnung und keine Betschwestertugend, sondern die kämpferische Bewegung für eine Idee. Für welche Idee? Nicht für die Idee, daß auf Erden zwischen Menschen und Menschengruppen Kämpfe aufhören, sondern für die Idee, daß auf Erden Kriege aufhören. Kampf und Krieg sind nicht synonym; Krieg ist eine Form des Kampfes, ist blutiger Leiberkampf von Massen auf Leben und Tod, von Massen innerlich vielfach Unbeteiligter, also unschuldig in den Tod Gehetzter – und diese Form menschlicher Auseinandersetzung, weil sie eine unmenschliche ist, will der Pazifismus aus der Welt schaffen. Nur diese. Er will nicht den Widerstreit der Interessen, die Antagonismen der Gefühle, Charaktere, Ideen, das Pathos des Gegnertums, die starken Affekte; die Gewalt der Worte, er will nicht einmal den Haß aus der Welt schaffen.« (R 27) Der Redner will also nicht, daß eine andere Form des Kampfes aufhöre: der gewaltlose, unblutige. Als »eigentliche Zivilisationsaufgabe« erkennt er: »die Lebensgefährlichkeit des Lebens auf ein Mindestmaß herabzuführen.« (Ebd.) Hillers linker Pazifismus soll »aktiver Pazifismus« sein ... »von Menschen, die entschlossen sind, dem Krieg durch persönliches Handeln Abbruch zu tun, unter Bereitschaft zu jedem persönlichen Opfer.« Die Aktivität aber müsse »beginnen mit einer Bewußtwerdung des geistigen Grundes alles Pazifismus: *der Heiligkeit des menschlichen Lebens und der unbedingten Forderung seiner Unverletzlichkeit.*« (R 28) Er schlußfolgert: »... das Entscheidend-Verwerfliche an der Wehrpflicht bleibt der Befehl an den Menschen, sich für Interessen, welche die seinigen nicht sind, töten zu lassen. Dieser Befehl, dessen Befolgung erzwingbar ist, bezeichnet den Gipfelpunkt verbrecherischer Despotie und den äußerst denkbaren, infamsten Fall von Sklaverei.« (R 31) Zwei Basissätze hebt er hervor:

»Es gibt kein Staatsinteresse, dessen Verletzung objektiv ein gleich großes Übel wäre wie die Verletzung des subjektiven Interesses irgendeines seiner Mitglieder am Lebendbleiben.« (R 32)

»Pazifismus ist: die Bewegung gegen den Mord.« (R 35)

Diese Überlegungen fließen in die Resolution ein, die Hiller und seine Freunde in der Braunschweiger Generalversammlung einbringen. Ihre Ablehnung (mit 112:83 Stimmen) bezeichnet er 1969 als »Niederlage des linkspazifistischen Stoßtrupps« (L 155, mit der Vokabel »Stoßtrupp« bedient er sich abermals aus dem militärischen Jargon!).

Revolutionärer Pazifismus. – Mit seinem Konzept des »revolutionären Pazifismus« steht Hiller am anderen Ende, wenn man vom Absolutpazifismus herkommt, dem genauen Gegenteil des revolutionären. Unter den Erkenntnissen, wodurch die Mitglieder der Gruppe miteinander verbunden sind, sei auch diese: »Absoluter Pazifismus ist ein konterrevolutionäres Prinzip.« (R 80)

Die Gruppe Revolutionärer Pazifisten betätigt sich, wie andere Bünde und Gremien, denen Hiller präsidiert hat, in doppelter Hinsicht: sie äußert sich in Fragen der Theorie des Pazifismus (die Ablehnung des Absolutpazifismus z. B. ist ein Theorie-Element) und als Einmischung in die politischen Auseinandersetzungen der Weimarzeit. Es gibt etwa ein Flugblatt (undatiert; Faksimile Schr 4,139) worin sie sich gegen die in Deutschland drohende Wiedereinführung der allgemeinen Wehrpflicht wendet. Im Text findet sich die aus Reden Hillers bekannte Wendung von der »Schmach jener Staatssklaverei, durch die der Mensch amtlich gezwungen wird, für fremde Interessen und gemißbilligte Ideen Unschuldige zu töten und sich selber töten zu lassen«. Die »Rückkehr zu diesem System« erklärt die Gruppe »für ein fluchwürdiges Attentat auf die Freiheit der Person und auf den Gedanken des Völkerfriedens«. Es wäre eine Maßnahme der Aufrüstung. Gegen diese nimmt die Gruppe prinzipiell Stellung: »Wir verwerfen den Krieg als das grauenvollste und sinnloseste aller Verbrechen; also auch die Vorbereitungen zum Kriege ...« Für die GRP zeichneten diesen Protest außer Hiller: Walter Mehring, Ernst Toller, Ignaz Wrobel (Tucholsky) u. a. m. Dem Protest schlossen sich weitere Personen an, darunter: Anita Augspurg, Lida Gustava Heymann sowie die Dichter Ernst Blass, Walter Hasenclever, Erich Kästner und Klaus Mann.

Die Programmatik der Gruppe Revolutionärer Pazifisten spricht auch aus Hillers »Rede vor Revolutionären Pazifisten« (Berlin 1929), der er den Titel gab: »Was eint uns?« (R 78-82) Die Argumentation darin ruht auf einem Grundsatz von Ferdinand Lassalle (vor dem Berliner Kriminalgericht, 1863), mit dem Hiller seine eigene Auffassung von »Revolution« stützt – und zudem das Adjektiv »revolutionär« in der Bezeichnung der Gruppe erläutert –. Lassalle: »Revolution heißt Umwälzung, und eine Revolution ist somit stets dann eingetreten, wenn, gleichviel ob mit oder ohne Gewalt – auf die Mittel kommt es dabei gar nicht an –, ein ganz neues Prinzip an die Stelle des bestehenden Zustandes gesetzt wird.« Zum besseren Verständnis trägt Hiller nach: »... Revolutionär ist man nicht deshalb, weil man zur Änderung sozialer Zustände Gewalt anwendet, sondern deshalb, weil man diese Zustände von Grund aus beseitigen, das bestehende Prinzip aufheben, ein neues an seine Stelle setzen will ...« (R 78) Das Problem entsteht: Wie verhält sich ein Staat, der das alte Prinzip verwirft, um fortan ein neues anzunehmen, nun aber von den Mächten des alten angegriffen wird? Wahrscheinlich dachte Hiller an die Sowjetunion und ihre Feinde, als er die Auskunft erteilte: »Wenn ein sozialistischer Staat oder ein Staat mit beginnendem, aufkeimendem Sozialismus von den kapitalistischen Staaten, die ihn umgeben, bedrängt und angegriffen wird, weil sie den Keim sozialistischer Kultur in dem jungen Arbeiterstaat ersticken wollen, dann hat er das Recht, ja die Pflicht, sich gegen den Angriff der kapitalistischen Umwelt mit allen Mitteln zu wehren, selbst mit militärischen.« (R 80)

Und wie würde der »ewige Friede« erreicht, wie ihn in Deutschland erstmalig Immanuel Kant skizzierte? – Hiller, pessimistisch: »Der Krieg selbst, die scheußlichste aller Institutionen dieser barbarischen ›Ordnung‹, dürfte sich kaum durch friedliche Mittel vernichten lassen. ... was uns eint, ist der Unglaube an die Fähigkeit des Kapitalismus, den Krieg abzuschaffen.« Der Autor läßt noch eine Anspielung auf Lenins Imperialismus-Analyse folgen, um dann zur Pointe des revolutionären Pazifismus zu gelangen: »Wir glauben, daß am Ende allein die Erhebung der proletarischen Massen den Krieg vereiteln wird.« (Nicht einen einzelnen. Das Prinzip des Krieges!) »Diese Erhebung, die wohl vorbereitet sein will, kann kriegerischen Charakter annehmen.« (R 80)

Es klingt, wie die gedehntere Fassung der alten Parole der Arbeiterbewegung: »Krieg dem Kriege!«

Kurzbiographien

Heidi Beutin: Geboren in Hamburg, wohnhaft im Kreis Stormarn. Nach einer kaufmännischen Lehre Berufstätigkeit, gleichzeitig Abitur auf dem 2. Bildungsweg. Anschließend Studium der Politikwissenschaft und Germanistik. Finanzierung durch Pressearbeit (bei dpa). Staatsexamen 1980. Seither tätig als Freie Wissenschaftspublizistin. Zahlreiche Veröffentlichungen über Themen der Literaturgeschichte, der Frauen- und Arbeiterbewegung. Vorsitzende der in ver.di organisierten Freien und Selbständigen in Schleswig-Holstein und Mecklenburg-Vorpommern. Ehrenamtliches Mitglied im Landesbezirksvorstand von ver.di Nord.

Wolfgang Beutin: Geboren in Bremen, wohnhaft in Niederbayern und in Stormarn. Privatdozent an der Universität Bremen (zuvor Gastprofessor in Göttingen, Universitätsdozent in Hamburg, Gastdozent und Lehrbeauftragter an den Universitäten Oldenburg und Lüneburg). Schriftsteller. Wiss. Veröffentlichungen, darunter: Das Weiterleben alter Wortbedeutungen in der neueren deutschen Literatur bis gegen 1800, 2. Aufl., Frankfurt/M. 2013; Preisgekrönte. Zwölf Autoren und Autorinnen von Paul Heyse bis Herta Müller. Ausgewählte Werke, sprachkritisch untersucht, Frankfurt/M. 2012; Karl Kraus oder Die Verteidigung der Menschheit, Frankfurt/M. etc. 2012. Belletristik, darunter Romane und Erzählungen.

Werner Boldt: Geboren 1935 in Breslau. Abitur am altsprachlichen Gymnasium Minden. Studium in Jura (4 Semester), Geschichte, Germanistik und Politikwissenschaft in Berlin (FU), Bonn, München und Heidelberg. Promotion über die württembergischen Volksvereine von 1848 bis 1852. Wiss. Assistent für neuere Geschichte an der Universität Erlangen/Nürnberg. Dozent für Geschichte und ihre Didaktik an der PH Oldenburg, Professur nach deren Integration in die damals noch nicht so genannte Carl-von-Ossietzky-Universität. Mitbegründer der Zeitschrift »Geschichtsdidaktik« und Mitherausgeber der Gesamtausgabe der Schriften Ossietzkys. Selbständige Publikationen: Die Anfänge des deutschen Parteiwesens (1971), Subjektive Zugänge zur Geschichte (1998), Verfassungsgeschichtliche Betrachtungen (2004), Carl von Ossietzky. Vorkämpfer der Demokratie (2013).

Günter Ernst: Geboren 1947 in Hockenheim, lebt heute in der Nähe von Kiel. Er hat seit 1975 mehrere Gedichtbände veröffentlicht, u. a. »Erdgeschoß«, »Alleen & Anlässe«, »Zwischen Gleisen«, und »Borkenbruch«. Außerdem Veröffentlichungen in diversen nationalen und internationalen Publikationen. Günter Ernst ist langjähriges Mitglied des Schriftstellerverbandes VS-SH (ver.di), seit 2012 dessen Vorsitzender.

Ingo Müller: Geboren 1942 in Nordböhmen. Studium der Rechts- und Politikwissenschaft (Dr. jur.; Dr. phil.), war Verwaltungsjurist in Bonn und Bremen. 1995-2008 Professor für Straf- und Strafprozessrecht an der Hochschule der Polizei in Hamburg, 2006/2007 deren Rektor. Seit 2008 im Ruhestand. Publikationen (in Auswahl): Rechtsstaat und Strafverfahren. Frankfurt a. M.: Europäische Verlagsanstalt, 1980. – Furchtbare Juristen: die unbewältigte Vergangenheit unserer Justiz. München: Kindler, 1987, 7. Aktualisierte Auflage 2014. –Politische Justiz im historischen Vergleich. Oldenburg: Bis, 1989. – Gegen Barbarei: Essays Robert M. W. Kempner zu Ehren (Hrsg. M Rainer Eisfeld), Frankfurt a. M.: Athenäum, 1989 – Robert H. Jackson: Der Nürnberger Prozess: die Anklagereden des Hauptanklagevertreters der Vereinigten Staaten von Amerika (Hrsg.). Weinheim: Beltz, Athenäum, 1995.

Uwe Polkaehn: Geboren in Hamm / Westfalen. Westkolleg Dortmund – Hochschule (2. Bildungsweg). Studium der Soziologie, Politik und Pädagogik an der Westfälischen Wilhelmsuniversität Münster, mit Abschluß: MA. Berufsweg: Bundesbahnassistent, Bundesbahnsekretär im DB-Betriebsdienst. Gewerkschaftliche Funktionen u. a.: Ausbildungssekretär beim DGB in den DGB-Kreisen Bielefeld und Neumünster. Organisationssekretär beim DGB Nord, Neumünster. Verantwortlicher für den Aufbau des DGB-Landesbezirks Mecklenburg-Vorpommern. 2003/10 Vorsitzender der DGB-Region Schleswig-Holstein Ost. Seit Februar 2010 Vorsitzender des DGB-Bezirks Nord (Schleswig-Holstein und Mecklenburg-Vorpommern).

Eckart Spoo: Jahrgang 1936, Journalist. 1962 bis 1997 bei der »Frankfurter Rundschau«, seitdem bei der Zweiwochenschrift »*Ossietzky*«. 1970 bis 1986 Bundesvorsitzender der Deutschen Journalisten-Union in der IG Druck und Papier, dann IG Medien, später ver.di. Herausgeber oder Mitherausgeber zahlreicher Bücher, darunter: »Die Tabus der bundesdeutschen Presse«, »Die Tabus der bundesdeutschen Geschichte«, »Was aus Deutschland werden sollte – Konzepte des Widerstands, des Exils und der Alliierten« (mit Reinhard Kühnl), »Unser Faschismus nebenan – Erfahrungen mit NATO-Partnern«. (mit Günter Wallraff), »Die Amerikaner in der Bundesrepublik – Besatzungsmacht oder Bündnispartner?«, »Kohl-Zeit – Ein Kanzler und sein Deutschland«, »Geld ist genug da – Reichtum in Deutschland« (mit Herbert Schui), »Fetisch Eigentum«, »Wie weiter? – Plädoyers für eine sozialistische Bundesrepublik«.